Ein Buch
der Zeitschrift
Blinker

PRAXISTIPPS

von Vincent Kluwe-Yorck

BAND 6

BODENBLEI & FEEDER

KOSMOS

Unser gesamtes lieferbares Programm und viele weitere Informationen zu unseren Büchern, Spielen, Experimentierkästen, DVDs, Autoren und Aktivitäten finden Sie unter **kosmos.de**

MIX
Papier aus verantwortungsvollen Quellen
FSC® C005833
FSC
www.fsc.org

ISBN 978-3-440-10882-6
Redaktion: Karl Koch
Produktion: Ralf Paucke
Texte, Fotos, Zeichnungen, Titelgestaltung und Layout:
Vincent Kluwe-Yorck, Berlin
Printed in The Czech Republic / Imprimé en République Tchèque

Inhalt

Das Futterkörbchen sollte immer genau auf der Futterstelle landen!

Beim Fischen mit dem Bodenblei, oder auch Grundangeln, werfen wir den Hakenköder mit Hilfe eines Wurfgewichtes aus. Viele Angler legen wie auch beim Posenfischen eine Futterstelle an und setzen den Hakenköder darüber.

Das Wurfblei lässt die Montage rasch zum Grund sinken und hält sie dort fest. Dort liegt der Köder verankert und wartet auf den Biss.

Die Schlüsselbegriffe zum Erfolg sind Reichweite und Wurfpräzision, um die Fische auch auf große Entfernung auf den Punkt genau anzuwerfen.

Anders als die Posenrute besitzt die Montage der Grundrute keine Bissanzeige.

Die Anzeige ist entweder in die Rutenspitze eingebaut: als Zitterspitze oder als Schwingspitze. Oder wir nutzen eines der Systeme, die an der Schnur angebracht werden: Swinger, Hänger, Affenkletter und elek-

Die Zitterspitze wartet auf den Biss.

tronische Piepser. Glöckchen sind nicht mehr zeitgemäß – zu ungenau und unpraktisch! Die Vorteile gegenüber der Posenrute: größere Reichweite und exakte Bissanzeige direkt an der Rute. Und wir fischen auch auf Distanz am Futter, wenn wir statt Bodenblei ein Futterkörbchen montieren. Allerdings liegt unser Köder verankert am Grund, und wir müssen darauf hoffen, dass ein suchender Fisch ihn findet!

unten: Mit verführerisch aromatisiertem Duft des Futters helfen wir den Fischen, unseren Hakenköder zu finden!

Um eine Grundmontage so zusammenzustellen, dass sie sich beim Werfen nicht verhängt und zuverlässig Fische lockt und fängt, brauchen wir je nach Aufgabe der Montage einiges Basis-Zubehör:

Haken in verschiedenen Größen und Formen.

Vorfächer: Monofil in verschiedenen Stärken und geflochtene Vorfachschnüre – z.B. Merlin u. Silkworm aus dem Spezialprogramm von Kryston.

Wirbel und Karabiner, um das Vorfach mit der Hauptschnur zu verbinden.

Perlen aus Hartgummi oder Plastik, um den Knoten am Wirbel zu schützen.

Leger Stops oder Soft-Stopper mit Steckstift, um das Blei in der gewünschten Höhe über dem Vorfach auf der Hauptschnur zu fixieren.

Eine gute Auswahl Bleie je nach ihrer Aufgabe in verschiedenen Formen und Gewichten (siehe Seite 6).

Feeder, die das Futter in der Nähe des Hakens anbieten und das nötige Wurfgewicht besitzen (siehe Seiten 8 bis 15).

Einhänger, um Blei oder Feeder zu befestigen:

Leger Beads, Helicopter Beads, Anti Tangle Einhänger, je nach Zweck der Montage.

Um Hauptschnur und Vorfach vor Verhängungen zu schützen, brauchen wir:

Casting-Booms und Winkelbooms mit Leger Bead zum Einhängen der Bleie.

Weiche und steife Anti-Tangle-Tube, die mit dem Blei verbunden werden.

Dazu natürlich das übliche Standardgerät und Zubehör wie Rute mit Bissanzeiger, Rolle, Rutenablage mit Rutenköpfen wie Erdspiesse oder Rod Pod, Hakenlöser, Köderboxen und Futtereimer usw.

Tectan
Premium
2,7kg 5,9lbs
0,15mm
Merlin
15lb 6.8kg
HIGH POWER PLUS
SIGLON
Silkworm
6lb 2.7kg
CORMORAN
ENGLAND
LEGER STOPS

oben: Das ganze Sortiment verschiedener Bleie für das Fischen mit der Grundrute. unten: Das richtige Bodenblei wird sorgfältig ausgesucht.

Birnenblei:
Am besten geeignet sind die Seitenbleie mit eingelassenem Wirbel und drehbarem Öhr: Standard für Grundmontagen von 5 g bis 50 g.

Tellerblei:
Sie haften auf abschüssigen Böden, ohne vom Platz zu rollen: üblich von 5 g bis 30 g.

Kugelblei 1:
Die durchbohrte Version wird auf die Hauptschnur gefädelt. Für das Abrollen des Bodens mit der Grundrute in kräftiger Strömung und für das Absenken eines Köderfisches unter der Pose: von 5 g bis 20 g.

Kugelblei 2:
Als Seitenblei mit eingelassenem Wirbel und drehbarem Öhr für das schwere Karpfenangeln mit Fluchtmontagen. Fixiert sein Gewicht auf einen Punkt, so dass der Karpfen beim Biss sofort gegen das volle Gewicht läuft: üblich zwischen 60 g und 120 g.

Trilobe, Raiserblei:
Spezielle Form, die beim Einzug sofort nach oben steigt: günstig für verkrautete und hindernisreiche Gewässer: üblich ab 30 g.

Anti-Tangle-Bleie:
Das Blei sitzt auf einer weichen oder steifen Tube, um das Verhängen des Vorfachs bei weiten Würfen zu verhindern. Wird von Karpfenanglern für ihre schweren Fluchtmontagen ab 40 g eingesetzt.

Inline-Bleie:
Wie Anti-Tangle-Bleie, aber ohne fest angebrachte Tube, die nach Bedarf am hinteren Zapfen der Bleie extra eingesteckt wird.
Ihr spezieller Vorteil: Der Wirbel zum Vorfach wird vorne in das Inline-Blei hineingezogen. So wird es ohne weitere Hilfsmittel zur perfekten Fluchtmontage, die sich nicht verhängt. Inline-Bleie gibt es als Birne, als Blei mit flachen Seiten und als Raiserform: üblich zwischen 50 g und 120 g.

Helicopter-Bleie:
Für schwere Weitwurf-Helicopter-Rigs der Karpfenangler mit speziellem, seitlichem Vorfacheinhänger. Rotiert bei den weiten Würfen: üblich ab 60 g.

Aroma-Körbchen: Einige Tropfen Flavour im Schaumgummi locken die Fische, ohne sie zu sättigen!

Rundum geschlossene Körbchen mit Löchern, durch die das lebende Futter ins Freie krabbeln kann: Sie werden mit losen Maden befüllt und je nach Futtermenge in verschiedenen Größen eingesetzt: Zum Anlegen einer Futterstelle vor Angelbeginn meist mit einem großen, danach beim Fischen mit einem kleinen Körbchen. Wir verwenden zwei Körbchenarten: das Madenkörbchen zum Auffädeln und das Körbchen mit Einhänger.

Tipp: Das Körbchen nach Anlegen der Futterstelle mit einem Streifen Schaumgummi füllen und mit fünf Tropfen Flüssigaroma beträufeln – sehr fängig und äußerst billig!

Auffädler:

Der unbeschwerte Auffädler ohne Bleigewicht wird direkt auf der Hauptschnur oder am Paternosterabzweig eingesetzt. Um das nötige Wurfgewicht zu erreichen, müssen wir zusätzliches Gewicht anbringen. Wir hängen es entweder als Seitenblei an die Hauptschnur oder fädeln es als Kugel- oder Sargblei unter dem Körbchen auf den Seitenarm und sichern es mit zwei großen Schroten. Soll es in der Strömung liegen bleiben, ist ein flaches Blei günstig.

Ein sehr praktisches System sind Feeder-Links: Das Körbchen wird als Auffädler mit Seitenarm und auswechselbaren Gewichten geliefert.

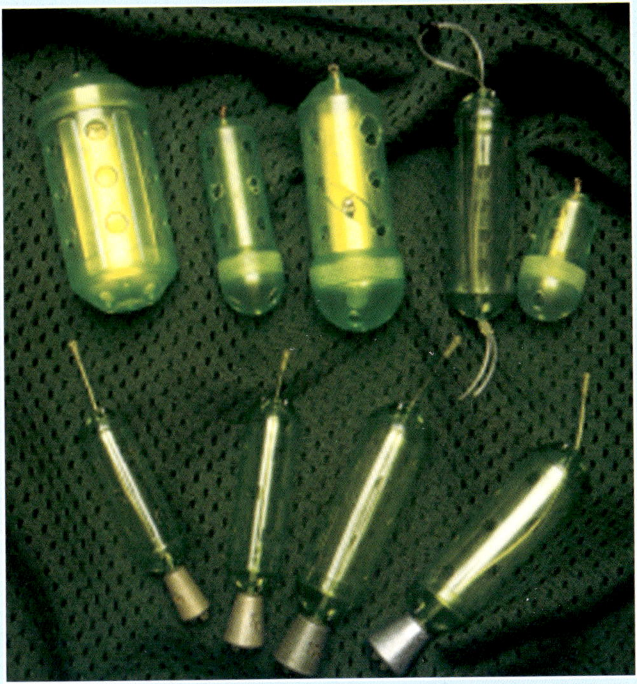

Die „Block End"-Madenkörbchen: obere Reihe Einhänger und Auffädler, untere Reihe Feeder-Links mit Wechselgewichten.

Einhänger:

Einhängekörbchen werden wie ein Seitenblei an der Laufbleimontage angebracht oder als Paternoster an einen Seitenarm gehängt. Je nach der Strömungsstärke werden sie mit passendem Blei bestückt.

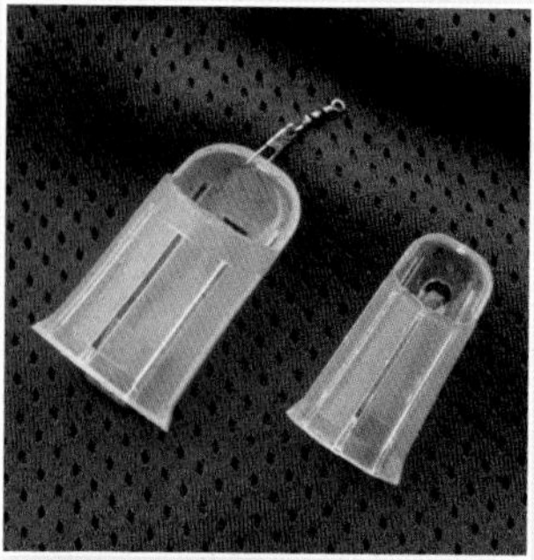

Die Aufsteiger-Körbchen steigen bei Zug schnell zur Oberfläche auf.

Offene Körbchen werden mit einem Grundfuttermix befüllt für Schwarmfische, die mit einer großen Futtermenge gelockt und gehalten werden müssen. Mit den verschiedenen Körbchengrößen passen wir die Futtermenge dem Bedarf der Fische an.

Standardkörbchen sind rund und mit einem Bleistreifen beschwert – nicht als Wurfgewicht, sondern um ihr Abtreiben zu verhindern. Für starke Strömung werden verschiedene Lösungen angeboten: z.B. schwere Wechselgewichte oder flache und dreieckige Körbchen, deren Form ihr Abdriften erschwert.

Perfekt ist ein System für die Strömung, dessen spezieller „Bleischlitten" mit rutschfester Unterseite nach Bedarf gewechselt werden kann. Intelligente Lösung!

Weite Würfe ermöglicht ein Feeder mit Ringblei am unteren Ende. Und damit es beim Wurf nicht die Schnur durchschlägt, ist das Körbchen an einem Gummiring aufgehängt.

Standardkörbchen für leichtes Fischen werden aus Plastik gefertigt – für Seen und Kanäle im Nahbereich ausreichend.

Cage-Feeder aus Drahtgeflecht sind eigenschwer und robust und geben dank ihrer Löcher das Futter sehr schnell frei.

Wieder andere Feeder steigen durch ihre spezielle Form bei

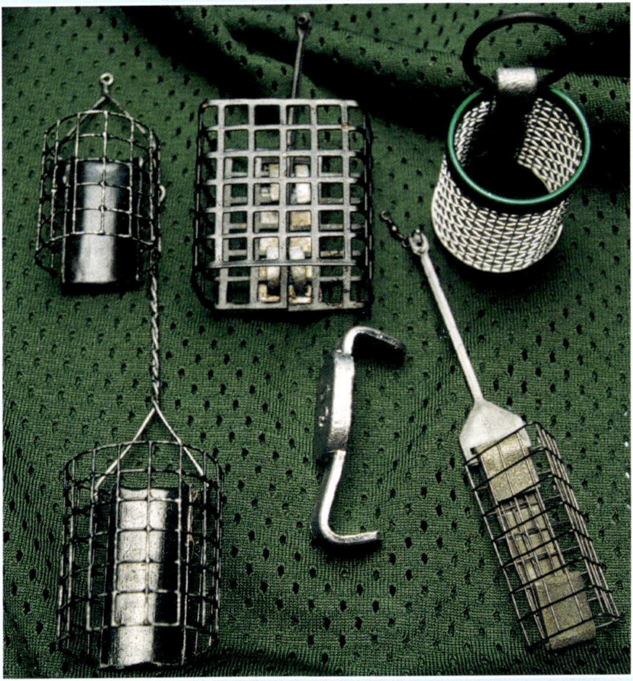

Griff in das Sortiment der offenen Körbchen. Mitte: ein Wechselblei

Zug sehr schnell auf und können so auch über verkrauteten Böden eingesetzt werden.

Offene Feeder werden in vielen Variationen mit geringen technischen Unterschieden angeboten. Sie alle erfüllen ihren Zweck, und wir wählen aus dem großen Angebot, wie es unser Gewässer erfordert.

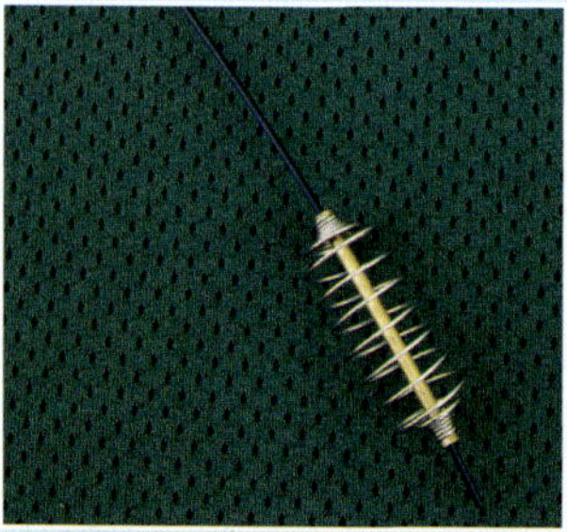

Unbeschwerte Spirale auf eine flexible Anti-Tangle-Tube geschoben. Die Tube muss länger sein als das Vorfach mit Haken und Köder!

Mit Spiralen werfen wir große Futtermengen aus und locken damit die großen Brassen und Alande, die mit ihrem unersättlichen Appetit nur mit regelmäßigem Füttern zu halten sind. Um das Gewicht ohne Rutenbruch zu meistern, müssen wir sie an einer schweren Feederrute einsetzen.

Spiralen geben einen Teil des Futters bereits beim Aufschlag frei, das dann als Wolke langsam zum Boden sinkt.

Gut mit Lockmitteln aromatisiert, lockt es so die Fische aus der weiteren Umgebung – ideal in größeren Gewässern.

Um ihr Gewicht der Strömung anzupassen, werden Spiralen mit Bleikernen verschiedener Größe angeboten.

Spiralen werden direkt auf der Hauptschnur angebracht. So garantieren sie eine gute Gewichtsverteilung und lassen sich weit werfen.

Um das Verhängen des Vorfachs bei extremen Würfen zu verhindern, werden Spiralen auch auf einer steifen Anti-Tangle-Tube angeboten – ein Angebot, das man bei weiten Würfen nutzen sollte!

Spiralen ohne Tube lassen sich bei Bedarf mit ihrem weiten Innendurchmesser auf einen Silikonschlauch schieben. Mit einem Tropfen Sekundenkleber oder zwei kleinen Stopperchen aus Ventilgummi werden sie fixiert. Die flexible Tube,

Futterspiralen mit und ohne Bleibeschwerung und auf Anti-Tangle-Tube

wie sie für Karpfenmontagen Standard ist, wird in langen Enden gekauft und nach Bedarf gekürzt. Sie wirkt ebenfalls als zuverlässige Anti-Tangle-Vorrichtung, die sich aber nach dem Einwurf unauffällig dem Bodenprofil anpasst.

Neben den klassischen Hilfsmitteln der letzten Seiten werden die verschiedensten Kuriositäten zum Anfüttern angeboten, die alle zum Ziel haben, wohlriechendes Lockfutter an den Fisch zu bringen.

Wirklich intelligent sind die neuen Madenschwämme, bei denen sich die Futtermaden in einem Geflecht aus Plastikfasern verkriechen und (hoffentlich erst) nach dem Auswurf wieder ins Freie krabbeln.

Da es einige Zeit dauert, bis die Maden in das Geflecht gekrochen sind, setzt man sinnvoller Weise gleichzeitig zwei dieser Schwämme ein: Eins liegt zum Befüllen in der Madendose, während das volle Schwämmchen am Karabiner eingehängt und ausgeworfen wird.

Die Futterbombe lässt sich mit ihrer aerodynamischen Form sehr weit werfen. Ein Wurfgewicht ist vorn zentral ange-

rechts: Madenschwämme, die einfach nur in die Madendose gelegt werden. Method Feeder und Futterbomben für Grundfuttermix

bracht und sichert ihr ein ausreichendes Gewicht, damit sie auch nach der Freigabe ihrer Futterladung am Grund liegenbleibt.

Tipp: Das Grundfutter für die verschiedenen Körbchen sollte relativ trocken angesetzt werden, damit es schnell herausgespült wird! Wir rühren das Futter also mit weniger Wasser an, als wir es für die Futterballen beim Posenfischen anmischen würden.

Wenn wir versuchen, aus dem Futter einen Ballen zu formen und eine feste Kugel zusammenzupressen, darf er nahezu keinen Zusammenhalt mehr besitzen. Und lassen wir ihn in den Futtereimer fallen, muss er beim Aufschlag zerbröseln – dann stimmt die Konsistenz!

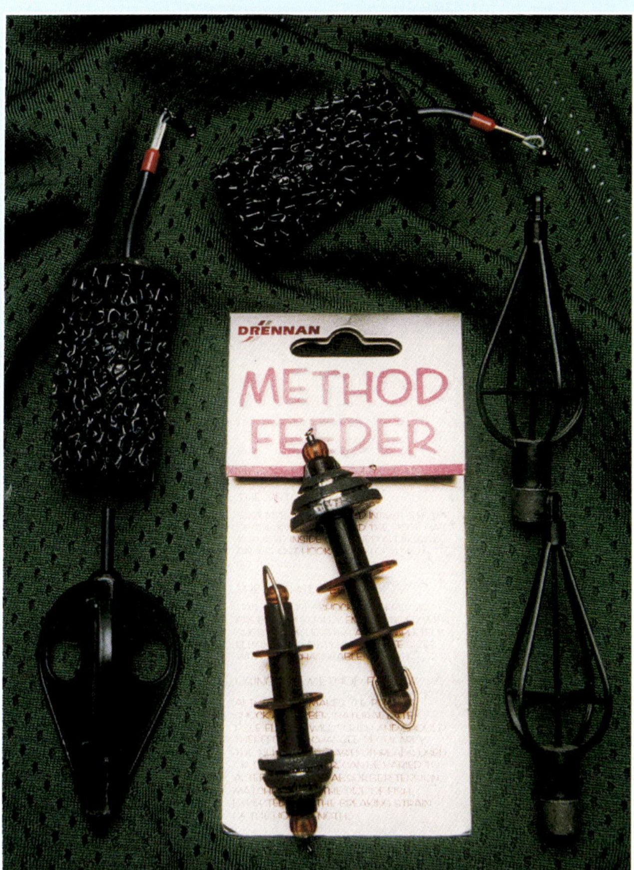
DRENNAN
METHOD

Montage-ohne-Montage 18

Montage-Zubehör: Schnur – Stärke je nach Fischart zwischen 0,18 und 0,30 mm, Haken verschiedener Größe und einige große Schrote

Die Montage-ohne-Montage, das so genannte „Freelining“, besteht nur aus einem Haken, der an das Ende der Hauptschnur gebunden wird, und dem Köder auf dem Haken.

Die Bissanzeige: Beobachten der Schnurspannung. Strafft sich die Schnur, zieht der Fisch mit dem Köder ab und wir schlagen an.

Vorteil der Methode: Sie bietet eine sehr unverdächtige Art der Präsentation. Stecken wir eine große Brotkruste auf den Haken, können wir mit dieser Anordnung auch auf Karpfen an der Oberfläche fischen.

Um den Köder am Grund zu fixieren, können wir auch ein kleineres Schrot auf der Schnur anbringen. Ein kurzes Ende Schnur um die Hauptschnur legen und zwei bis drei große Schrote über beide Enden drücken. Schrote bis dicht an die Hauptschnur schieben, um die Schlaufe so weit zu schließen, dass sie nicht mehr über das Stopperschrot rutscht.

Pirschangeln

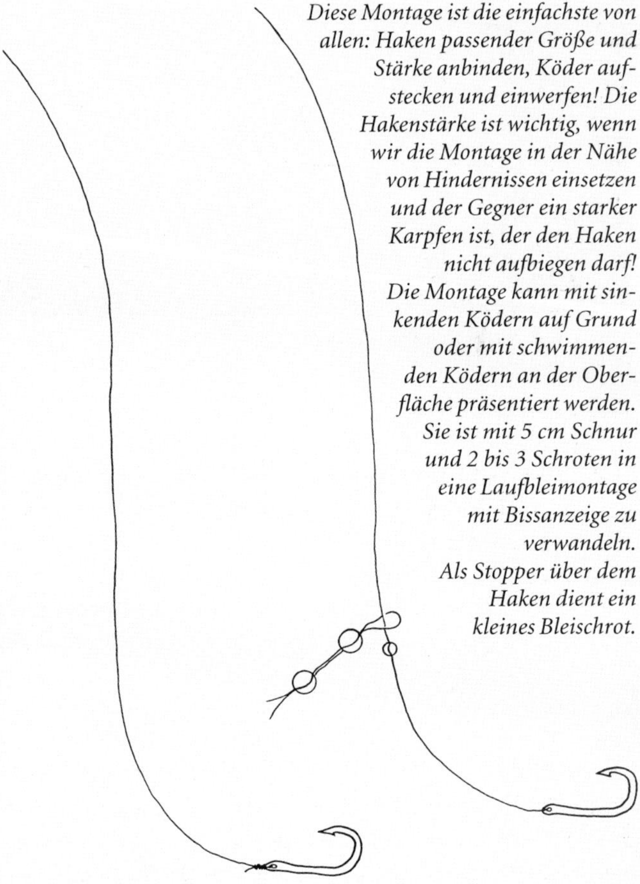

Diese Montage ist die einfachste von allen: Haken passender Größe und Stärke anbinden, Köder aufstecken und einwerfen! Die Hakenstärke ist wichtig, wenn wir die Montage in der Nähe von Hindernissen einsetzen und der Gegner ein starker Karpfen ist, der den Haken nicht aufbiegen darf! Die Montage kann mit sinkenden Ködern auf Grund oder mit schwimmenden Ködern an der Oberfläche präsentiert werden. Sie ist mit 5 cm Schnur und 2 bis 3 Schroten in eine Laufbleimontage mit Bissanzeige zu verwandeln. Als Stopper über dem Haken dient ein kleines Bleischrot.

Flüsse mit schneller Strömung wie in der Äschen- und der Barbenregion lassen sich mit einer liegenden Montage kaum befischen: zu viel Treibgut im Wasser, das sich in der Schnur verfängt und zu viel Druck auf der Schnur. Zudem wäre es nicht sinnvoll, da die Fische überwiegend auf antreibende Nahrung warten.

Wir müssen sie also aktiv suchen. Aktiv nach den Fischen suchen heißt, den Grund abrollen mit dem Kugelblei, das wir bei weiten Würfen zwischen zwei Wirbel hängen, um die Schnur vor Drall zu schützen. Es sitzt auf 10 cm abriebfester Schnur, die die starke Reibung übersteht – z.B. auf einer geflochtenen Krystonite oder einer Kevlar-Schnur.

Bei kurzen Würfen an kleinen Gewässern können wir auf die Wirbel verzichten. Wir erweitern die Bohrung der Bleikugel und schieben 2 cm Schlauch durch die Kugel als Schutz für die Schnur. Kugel dann direkt auf die Hauptschnur fädeln. Mit Wurm ist dies eine hervorragende Methode für das Winterangeln auf Döbel!

Strömung: Grund abrollen

Zubehör wie im Foto abgebildet: Bleikugel 5 bis 10 g, abriebfeste, geflochtene Schnur Krystonite (Quick Silver), Wirbel, Perlen, kurze Stücke Silikontube. Linke Montage: Bleikugel auf 10 cm geflochtener Schnur zwischen zwei Wirbeln. Rechte Montage: Bleikugel auf 3 cm Rig Tube (Montage-Schlauch), darunter Gummiperle oder Hartperle als Puffer, um den Knoten zu schützen.

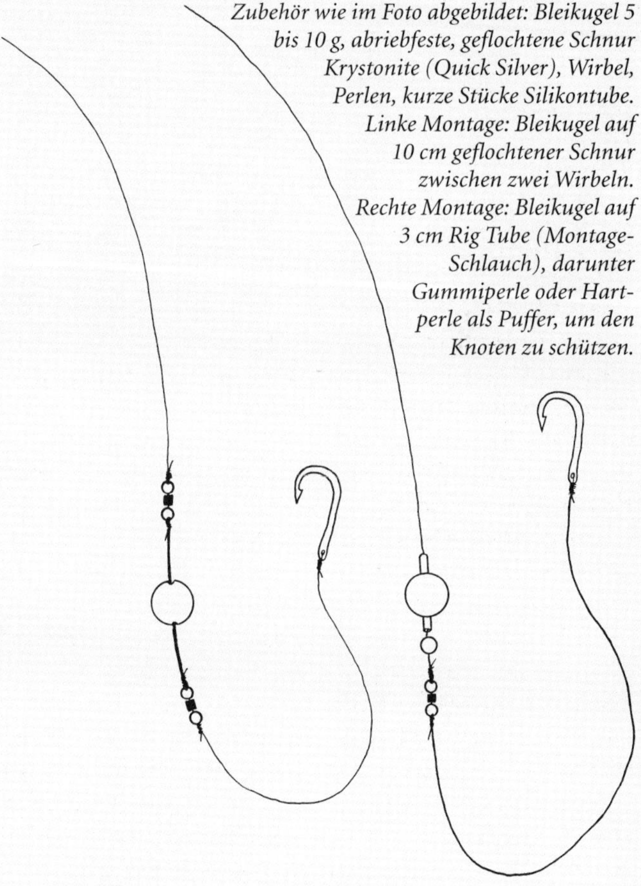

Laufblei-Montage I 22

Bleie, Leger Beads, Leger Stops, Soft Stops, Vorfach, Haken, Perlen

Die klassische Laufblei-Montage wird mit leichten Bleien in der Strömung gefischt. Das Birnenblei wird auf ebenen und weichen Böden eingesetzt, das Tellerblei auf abschüssigem Boden, damit es nicht von der Futterstelle verdriftet.

Je nach den Bedingungen fischen wir die Montage:
1. durchgebunden, also Haken direkt an die Hauptschnur geknüpft, 2. mit eingeschlauftem Vorfach (Schlaufe in Schlaufe gehängt), 3. mit einem Wirbel ohne Karabiner (im Karabiner verfängt sich das Vorfach oder Treibgut vom Grund).

Das Blei hängen wir an ein Leger Bead mit feiner Bohrung für die Schnur. Um das Blei zu wechseln, werden Leger Beads mit Karabiner geliefert.

Damit das Blei bei durchgebundenem oder eingeschlauftem Vorfach nicht bis zum Haken rutscht und wir die Vorfachlänge auf das Beissverhalten der Fische abstimmen können, wird es mit einem Leger Stop gehalten oder mit einem Soft Stop mit Stift.

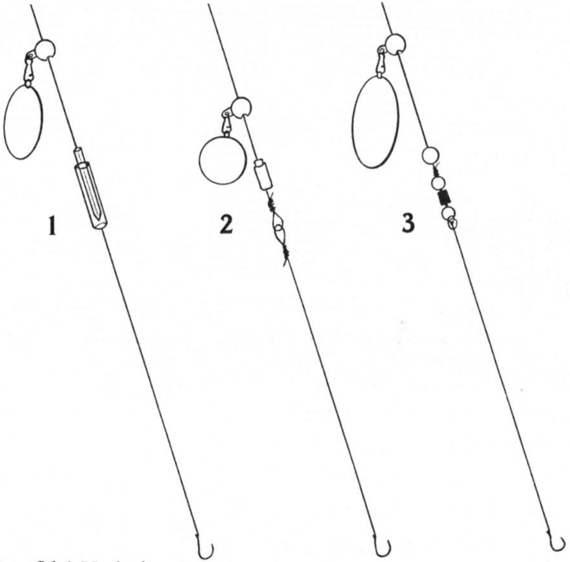

Drei Laufblei-Variationen:
1: Hauptschnur bis zum Haken durchgebunden. Leger Bead mit leichtem Birnenblei, über dem Haken durch Soft Stop gehalten. Soft Stops, die wir uns in beliebiger Länge schneiden, sind schnurschonend. Falls sie bei sehr feinen Schnüren rutschen, ein kleines Schrot darunter oder ein 2 cm langes Stück vom Holz-Zahnstocher statt Originalstift!
2: Vorfach Schlaufe in Schlaufe. Leger Bead mit Tellerblei, gehalten von Leger Stop. Vorsicht mit Leger Stops – sie können die Schnur quetschen! Vorfachlänge: Langes Vorfach ist unverdächtiger, der Köder spielt freier, aber die Bisse kommen zarter – genau beobachten! Kurzes Vorfach bei zügigem Beissverhalten, die Bisse kommen deutlicher.
3: Vorfach am Wirbel – entweder eingeschlauft oder angeknüpft. Leger Bead mit Seitenblei und Perle über dem Wirbel.

Laufblei-Montage II

Schwere Seitenbleie, geflochtene Vorfächer, Perlen, Haken, Wirbel, Booms

Die schwere Laufblei-Montage mit Blei ab 30 g wird ebenfalls in der Strömung gefischt. Hier empfehlen sich Birnen- oder Kugelblei und Trilobe.

Bei einem schweren Wurfgewicht kann sich die Schnur im Wurf verhängen oder durchschlagen werden.

Um beides zu verhindern, wird das Blei schnurschonend an ein Leger Bead mit großer Bohrung gehängt. Der Leger Bead sitzt auf einem Boom, der das Vorfach während des Fluges auf Abstand hält.

Der Boom kann ein weicher Silikonschlauch von 10 cm Länge sein, ein Stück steife Tube, der so genannte Casting-Boom, oder ein gewinkelter Abstandshalter, der bereits mit Leger Bead geliefert wird.

Die steife Tube kaufen wir in langen Stücken, schneiden sie uns selbst auf Maß und kleben den Leger Bead in der Nähe des hinteren Endes auf.

Wichtig ist die Perle vor dem Wirbel, die den Knoten vor Beschädigungen durch das Gewicht der Bebleiung schützt!

Strömung – schwere Bleie

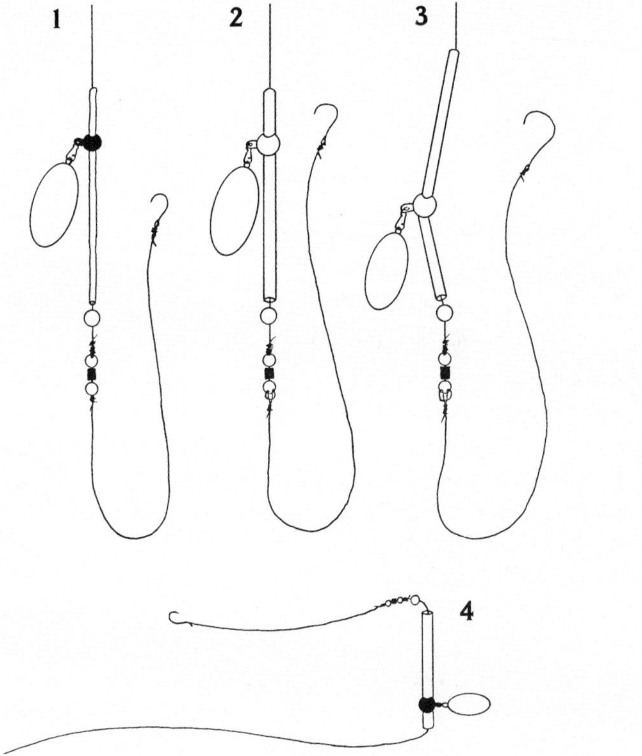

1: Leger Bead auf weicher Rig Tube, 2: Seitenblei an steifem Casting-Boom, 3: Seitenblei an Winkel-Boom (Abstandhalter), 4: Montage mit Boom im Flug – Vorfach wird auf Abstand gehalten. Montagen mit geflochtenen Spezialvorfächern und Bleiformen, wie es die Situation erfordert.

Hölzchen-Stöckchen 26

Tiroler Hölzl, Hobos, Vorfächer, Wirbel, Leger Beads, Haken, Rig Tube

Das traditionelle Tiroler Hölzl bietet die simpelste Lösung für schlammige Böden. Komplizierte Rigs wären reine Geld- und Zeitverschwendung! Sein Vorteil: Auch bei sehr weichen Böden sinkt es nur wenige Zentimeter ein. Es bleibt aufrecht im Schlamm stecken und hält die Schnur mit 3/4 seiner Länge über dem Grund.

Sein großer Sprengring erlaubt es bei schweren Hölzln, eine weiche Rig Tube als Schnurschutz auf die Schnur zu ziehen und am Wirbel zu fixieren. Wenn ein Fisch den Köder nimmt, rutscht die Tube durch den Ring. Leichtere Hölzl können ohne Tube mit einem Leger Bead angehängt werden.

Der große Sprengring sollte dann entfernt werden.

Die Hobo-Hölzchen sind so fein, dass sie auch in leichter Strömung den Boden abwandern können, um den Fisch aktiv zu suchen (ähnlich dem Kugelblei in stärkerer Strömung). Im Stillwasser erfüllen sie die gleiche Funktion wie ein sehr leichtes Tiroler Hölzl.

27 Hobo und Tiroler Hölzl

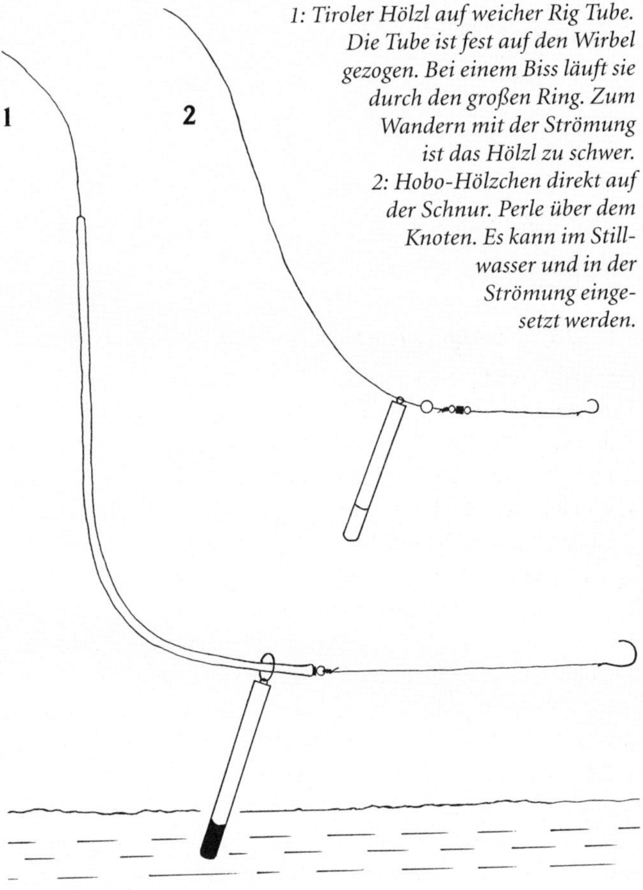

1: Tiroler Hölzl auf weicher Rig Tube. Die Tube ist fest auf den Wirbel gezogen. Bei einem Biss läuft sie durch den großen Ring. Zum Wandern mit der Strömung ist das Hölzl zu schwer.
2: Hobo-Hölzchen direkt auf der Schnur. Perle über dem Knoten. Es kann im Stillwasser und in der Strömung eingesetzt werden.

Seitenblei-Paternoster 28

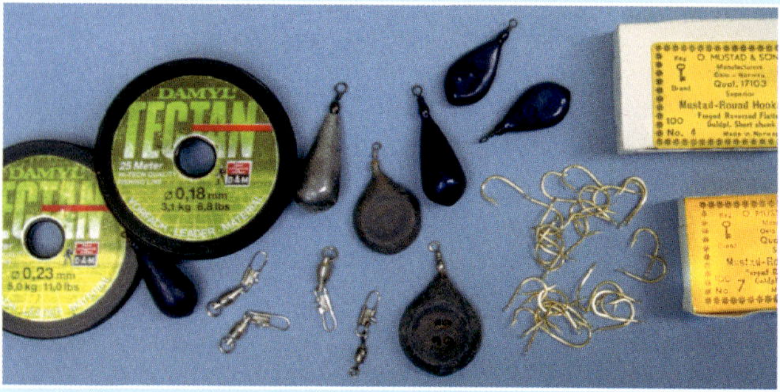

Vorfach-Schnüre, Seitenbleie, Wirbelkarabiner, Haken – mehr nicht!

Das Paternoster ist neben dem Laufblei die zweite Standard-Montage für feines Grundangeln und wird oft in Seen und Kanälen eingesetzt. Die Vorteile: Es kommt mit sehr wenig Zubehör aus und es wirkt wie eine sichere Anti-Tangle-Montage, die sich niemals verhängt! Das Paternoster ist so variabel, dass wir es vielen wechselnden Verhältnissen anpassen können: z.B. indem wir ein feineres oder längeres Vorfach als Seitenarm einbinden oder mit einem Handgriff das Bodenblei gegen einen Feeder unserer Wahl austauschen.

Sind wir sicher, dass wir die Montage nicht wechseln müssen, verzichten wir auf den Karabiner am Seitenarm – wir schlaufen das Blei direkt ein. Jedes zusätzliche Bauteil an der Montage bedeutet bei Schnurbruch schließlich Geldverlust und birgt außerdem immer das Risiko, dass sich das Vorfach beim Wurf verhängt! Deshalb die Regel der Spezialisten: Bei allen Montagen so wenig Zubehör wie möglich!

Eine der beiden großen Standard-Montagen für das Grundangeln! Nur 3 Knoten, ein Blei und der Haken. Für den Seitenarm der Wasserknoten, am Haken z.B. der Grinnerknoten, am Blei z.B. der Blutknoten. Werden die Bleie während des Fischens gewechselt, z.B. gegen ein Futterkörbchen, kann auch ein Karabiner zwischengeschaltet werden!

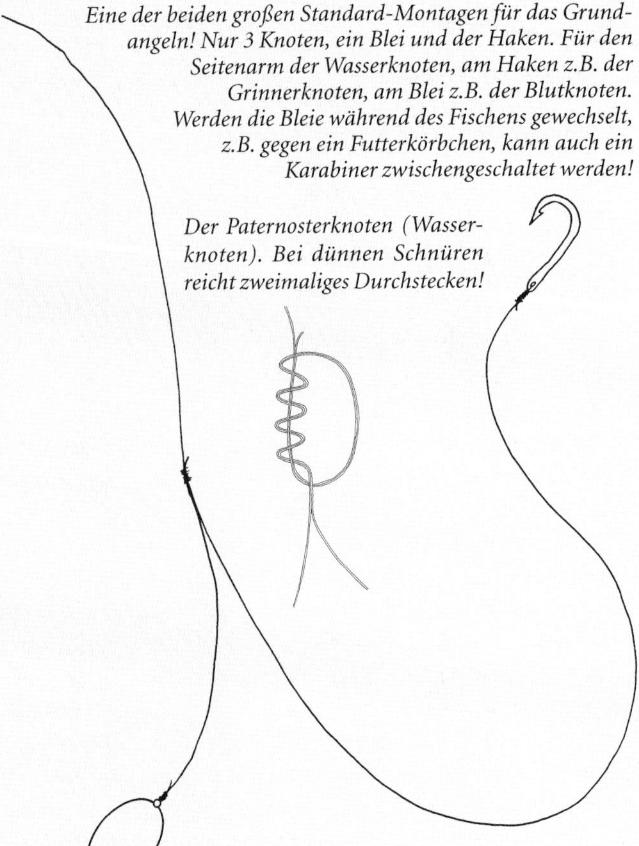

Der Paternosterknoten (Wasserknoten). Bei dünnen Schnüren reicht zweimaliges Durchstecken!

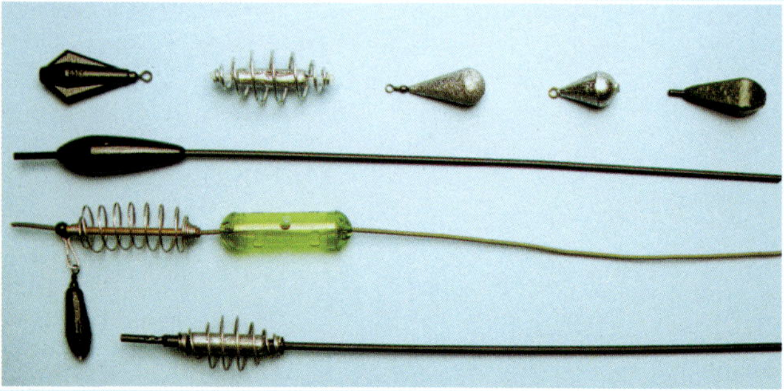

Feeder, weiche u. steife Tuben, Bleie, Perlen, Wirbel, Vorfächer, Haken

Bei weiten Würfen mit schweren Gewichten kann sich das Vorfach leicht verhängen: Je schwerer das Blei, desto zielstrebiger fliegt es voraus, und desto enger zieht es das Vorfach an die Hauptschnur.

Ein leichtes Madenkörbchen bietet kaum Gelegenheit dazu: Wir schieben es auf eine weiche Silikontube, auf die wir ein Leger Bead mit Karabiner für das Seitenblei kleben.

Oder wir setzen eine bleibeschwerte Futterspirale auf Anti-Tangle-Tube ein.

Fischen wir z.B. einen Köder am Haar, das sich stets mit Vorliebe um die Hauptschnur wickelt, können wir die Futterspirale auf ein Anti-Tangle-Blei mit langer, steifer Tube schieben, wie es die Karpfenangler benutzen. Einige Händler bieten diese Kombination bereits vorgefertigt an!

Besitzt die Spirale einen ausreichend schweren Bleikern für die Verhältnisse an unserer Angelstelle, schieben wir sie auf eine lange, weiche Rig Tube aus der Karpfenabteilung.

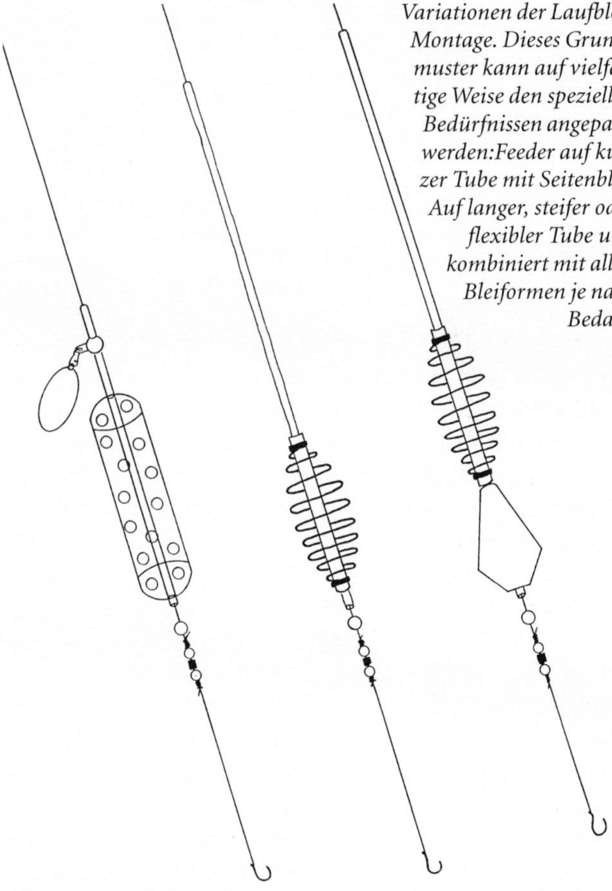

Variationen der Laufblei-Montage. Dieses Grundmuster kann auf vielfältige Weise den speziellen Bedürfnissen angepasst werden:Feeder auf kurzer Tube mit Seitenblei. Auf langer, steifer oder flexibler Tube und kombiniert mit allen Bleiformen je nach Bedarf!

Schnüre für den Seitenarm, Feeder, Wirbelkarabiner, Schrote, Haken

Leichte Paternoster mit Futterkörbchen sind im Stillwasser ohne Strömung äußerst erfolgreich.

Sie kommen mit sehr wenig Zubehör aus und bilden die Basis für unzählige Variationen, um auf die unterschiedlichsten Bedürfnisse zu reagieren: Wir können Madenkörbchen gegen Futterkörbchen aller Größen auswechseln, den Feeder zusätzlich beschweren und den Seitenarm verkürzen oder auch verlängern, wenn die Fische heikel werden.

Es ist immer günstig, auf die Reaktionen der Fische zu achten und seine Methode entsprechend anzupassen!

Wenn nichts beißt, haben wir Gelegenheit, mit Länge und Stärke von Vorfach und Seitenarm, der Hakengröße, dem Köder und der Menge oder Zusammensetzung des Futters zu experimentieren.

So lernen wir aus dem Erfolg oder auch dem Misserfolg unserer Veränderungen und wissen zukünftig, wie wir auf die Launen der Fische reagieren!

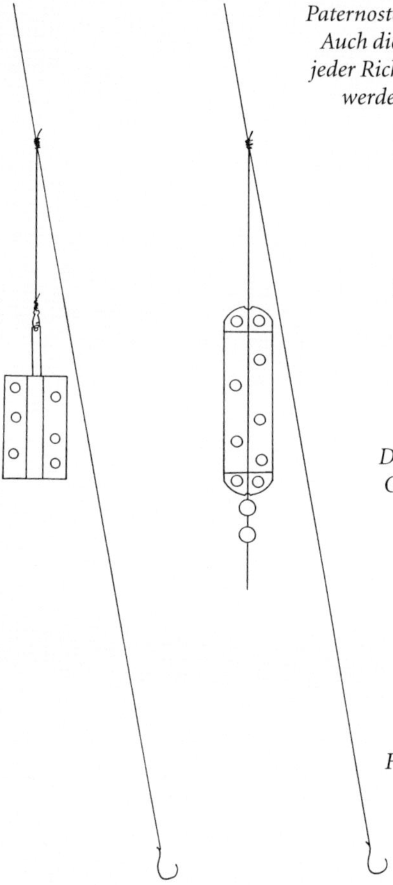

Paternoster-Variationen mit Feeder: Auch diese Basis-Montage kann in jeder Richtung nach Bedarf variiert werden: offene oder geschlossene Futterkörbchen, mit oder ohne zusätzlichem Blei als Beschwerung, Länge des Seitenarms und des Vorfachs usw.
Das geschlossene Madenkörbchen wird einfach auf die Schnur gefädelt und je nach Wurfweite und Strömung mit zwei oder mehr großen Bleischroten darunter gesichert.
Das offene Körbchen für die Grundfuttermischung wird mit einem Karabiner aufgehängt – so kann es jederzeit gegen einen Feeder anderer Größe ausgewechselt werden.
Wenn z.B. für Brassen oder Aland extreme Futtermengen gebraucht werden, kann auch eine Futterspirale ohne Bleikern auf den Seitenarm gefädelt und mit mehreren Schroten gesichert werden!

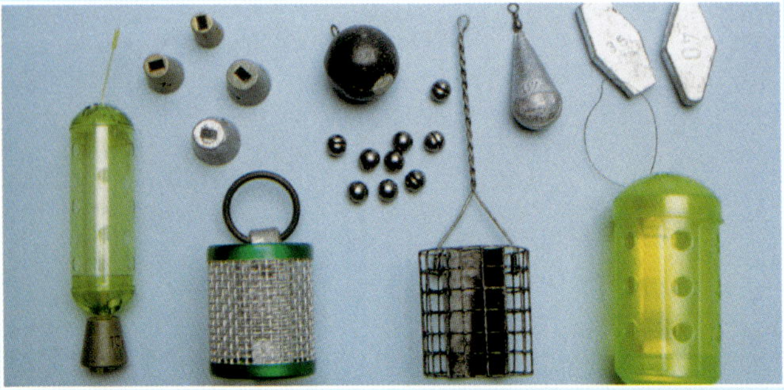

Feeder-Link mit Wechselgewichten, große Feeder, schwere Zusatzbleie

Beschwerte Paternoster mit einem Feeder halten auch stärkerer Drift in großen Seen stand, ohne abgetrieben zu werden. Schlammige Böden sollten dabei vermieden werden, damit das Futter nicht versinkt!

Der Markt bietet Feeder mit unterschiedlicher Größe für Futtermengen je nach Bedarf und mit unterschiedlichen Gewichten an.

Die einfachste Art der Beschwerung besteht aus einigen Bleischroten, die wir auf den Seitenarm drücken. Ist mehr Gewicht erforderlich, fädeln wir ein durchbohrtes Blei (Kugel oder Sargblei) unter dem Feeder auf den Seitenarm und fixieren es mit zwei Schroten.

Bei sehr weiten Würfen binden wir einen simplen Überhandknoten unter die Schrote, damit sie von dem schweren Blei nicht heruntergeschlagen werden.

Als Alternative ist ein Feeder-Link sehr praktisch, bei dem sich Wechselbleie verschiedener Größe anklippen lassen.

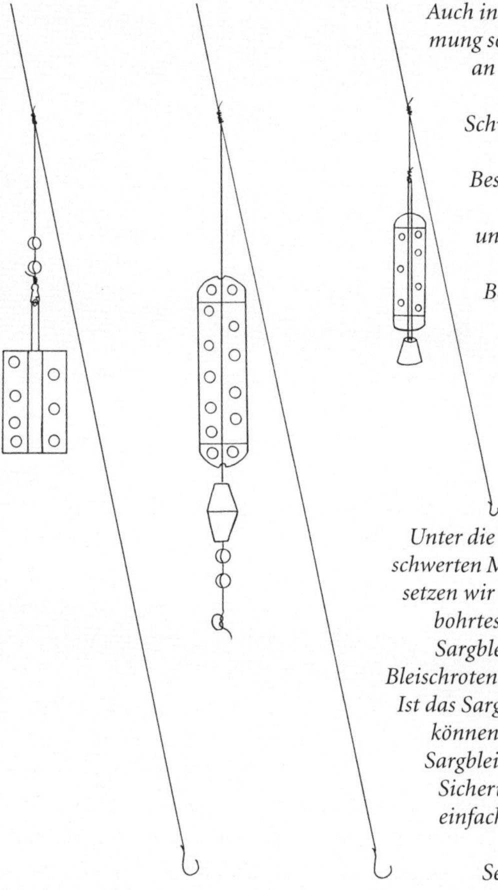

Auch in stärkerer Strömung soll die Montage an der Futterstelle liegen bleiben. Schwere Bebleiung hilft dabei. Beschwerte Feeder gibt es mit unterschiedlichen Gewichten. Bei Feeder-Links lassen sich verschiedene Gewichte anklippen.

Unter die leichten, unbeschwerten Madenkörbchen setzen wir z.B. ein durchbohrtes Kugelblei oder Sargblei, das mit zwei Bleischroten gesichert wird. Ist das Sargblei zu schwer, können wir unter dem Sargblei als zusätzliche Sicherung noch einen einfachen Überhandknoten in den Seitenarm legen.

Schlaufen-Rig 36

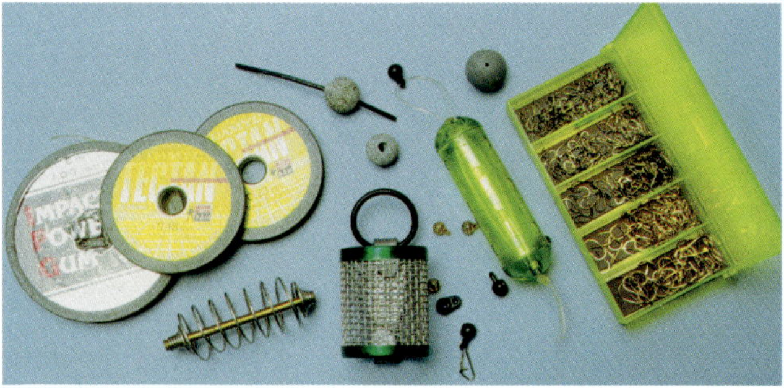

Vorfächer, Power-Gum, Feeder, Bleikugeln, Leger Beads, Haken

Das Schlaufen-Rig ist eine Erfindung englischer Wettangler. Es wird überwiegend im Fließwasser eingesetzt. Es arbeitet wie eine Laufbleimontage, deren Lauf aber durch die Länge der Schlaufe begrenzt ist.

Sein Vorteil: Während wir den Haken neu beködern, ist die Rutenspitze gesenkt, und ohne Schlaufe würde der Feeder bis zur Rutenspitze rutschen. Um ihn zu füllen, müssten wir erst wieder die Rute aufnehmen und den Feeder zurückholen. Durch die Schlaufe kann er nicht sehr weit rutschen und wir erreichen ihn mit einem Griff, um ihn neu zu füllen.

Außerdem wirkt die Schlaufe wie ein Anti-Tangle-Mechanismus, der das Verhängen des Vorfachs erschwert.

Und der Gummizug (Power-Gum), an dem der Feeder aufgehängt ist, wirkt wie eine Art Stoßdämpfer. So lässt sich die Montage auch mit sehr feiner Hauptschnur fischen und die Zahl der Bisse erhöhen.

Die Montage lässt sich relativ schnell und einfach binden!

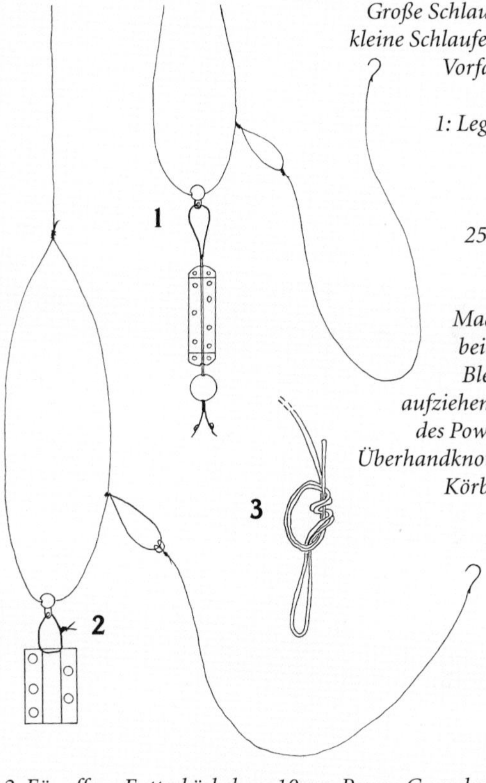

Große Schlaufe = 25 cm lang, kleine Schlaufe = ca. 5 cm lang, Vorfach eingeschlauft

1: Leger Bead vor dem Binden in die große Schlaufe einhängen. 25 cm Power-Gum durch das Öhr des Leger Bead. Madenkörbchen auf beide Enden fädeln, Bleikugel 5 bis 20 g aufziehen, in beide Enden des Power-Gum je einen Überhandknoten, um Blei und Körbchen zu sichern.

2: Für offene Futterkörbchen: 10 cm Power-Gum durch das Öhr, beide Enden mit Doppelknoten zusammenbinden. Bleistreifen des Feeders etwas aufbiegen und Plastik-Einhänger entfernen. Gummischlaufe einhängen und Bleistreifen wieder zubiegen. 3: Schlaufenknoten

Tauwurm-Rig

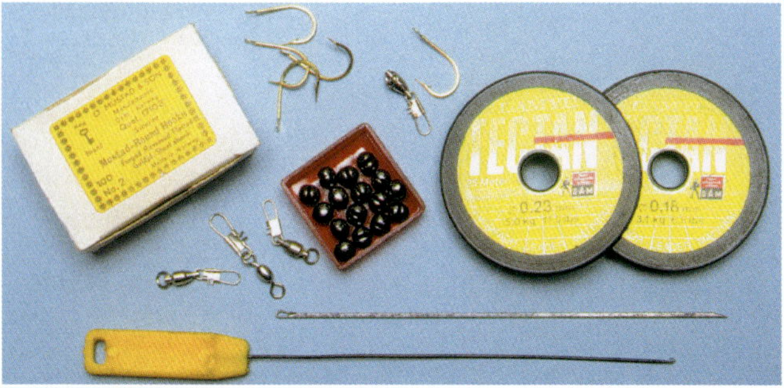

Vorfächer, große Haken, große Schrote, Wirbelkarabiner, Ködernadeln

Ein weiteres Rig aus der Trickkiste der Engländer: Der Tauwurm hängt gestreckt am Vorfach und kann sich nicht auf dem Haken zusammenkringeln. So bleibt die Hakenspitze frei und kann einen Fisch zuverlässig greifen, der sich für den Köder interessiert!

Ein großes Schrot stoppt den Wurmschwanz und verhindert, dass er auf den Haken rutscht. Und das Gewicht verankert den Wurm mit seinem unfängigen Ende am Grund, während das Hakenende frei und verlockend spielen kann. Der Haken wird für den sicheren Halt um den großen Leibring geführt. Der Schwanz wird vorsichtig mit einer Ködernadel aufgefädelt.

Das Vorfach muss dazu ausnahmsweise in einen Karabiner gehängt werden, damit wir es zum neuen Beködern jederzeit ausklinken können.

Perfekt für Schleien, Aale, Brassen und auch Karpfen, deren Route wir beim Pirschen beobachtet haben und ihnen den Wurm punktgenau servieren!

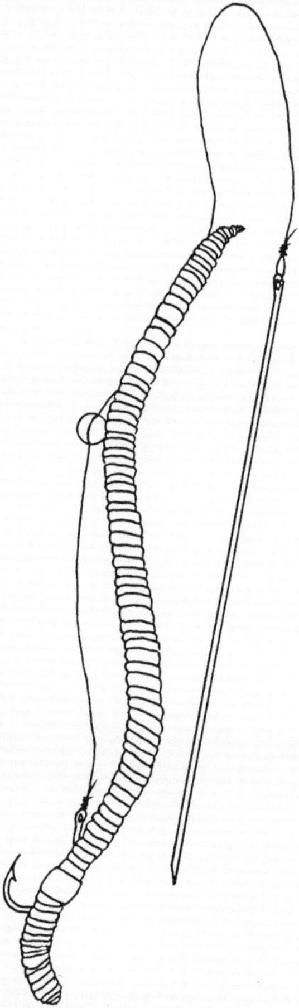

Ein Bleischrot mit 1 bis 2 g einige Zentimeter über dem Haken auf das Vorfach drücken. Den Haken hinter dem großen Leibring durchführen, da dies die stabilste Zone ist, die den besten Halt garantiert. Das Schwanzende vorsichtig auf die Ködernadel ziehen – der Wurm darf dabei nicht auslaufen! Die Nadel wird einige Zentimeter vor dem Schwanzende eingeführt und tritt kurz vor der Schwanzspitze wieder aus. Ködernadel durchschieben und das Vorfach durchziehen. Das Vorfach in den Karabiner am Ende der Hauptschnur einhängen. Das Schrotblei verankert das „unproduktive" Ende am Grund, während das „scharfe" Ende mit dem Haken frei spielen und die Fische anlocken kann!

Confidence Rig I

Das Zubehör, um Confidence Rigs herzustellen

Confidence heißt Vertrauen. Das Confidence Rig ist eine Montage, die den Fisch nicht misstrauisch machen soll:

Der Aufbau als Laufbleimontage mit langem Vorfach und im Köder verstecktem Haken soll den Widerstand verringern und für Unauffälligkeit sorgen. Seit einigen Jahren wird das Rig allerdings auch mit der Haarmontage eingesetzt.

Mit dem Confidence Rig werden große, lernfähige Fische überlistet wie der Karpfen. Im Aufbau ähnelt es der Laufbleimontage auf den Seiten 24 bis 25, wird aber mit größeren Bleien und Ködern gefischt: z.B. Boilies, großen Partikelködern wie Bohnen, Tigernuts und Kichererbsen oder Teigkugeln am Haar.

Das Blei sollte mindestens 30 g wiegen, damit es fest am Grund verankert ist und der Fisch die Schnur wirklich durch das Öhr der Bleibombe ziehen kann!

Ein steifer Boom schützt die Schnur vor Bruch beim Wurf und garantiert ihren glatten Durchlauf durch das Rig.

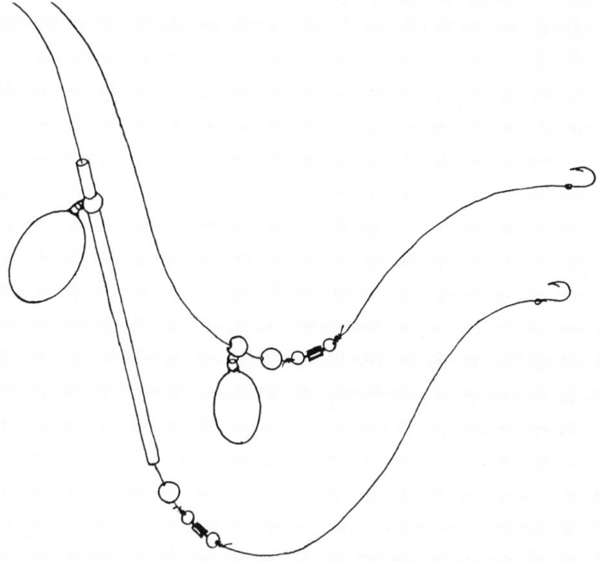

Das Zubehör: geflochtene Vorfächer, Seitenbleie für verschiedene Aufgaben – z.B. das Flügelblei, das beim Einholen sehr schnell steigt und Hindernisse dadurch überwindet, Casting Boom mit Leger Bead, um das Blei einzuhängen, Haken, Boilienadel, Wirbel, Boilie Stops und Teighaar-Spiralen, die am Hakenöhr angebunden werden. Der Teig wird auf die Spirale geknetet und hängt dann wie ein Boilie am Haar. Hauptmerkmale des Confidence Rigs: freilaufendes Blei und langes Vorfach.Mit Blei auf kurzem Boom sollte das Blei mind. 30 g schwer sein, damit es beim Biss liegen bleibt und die Schnur durchläuft! Ohne Boom lassen sich auch leichtere Bleie bis 20 g am Leger Bead einhängen. Die Schnur gleitet so leicht durch den Leger Bead, dass der Fisch beim Biss die Schnur durchzieht, ohne Widerstand zu spüren. Auch ein leichteres Blei wird dabei nicht verschleppt!

Confidence Rig II

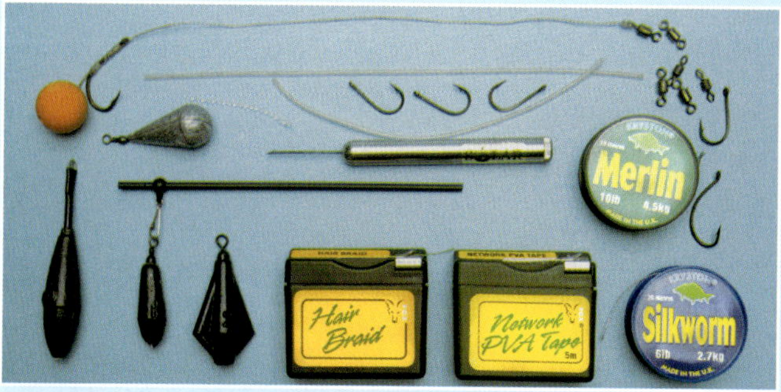

Boom, Bleie, Vorfächer, Wirbel, Haken, PVA-Schnur, weicher Schlauch

Die Concertina ist eine raffinierte Anti-Tangle-Vorrichtung für das Vorfach: Ein langes weiches, geflochtenes Vorfach wird in einen kurzen elastischen Gummischlauch gezogen, der anschließend auf dem Hakenöhr fixiert wird.

Der starke Silikonschlauch verhindert, dass sich das Vorfach beim Wurf verhängt, gibt aber bei leichtem Zug sofort das Vorfach frei.

Damit die Sache funktioniert, muss der Schlauch sehr dehnbar sein und etwa 1/3 der Vorfachlänge besitzen. Nach dem Beködern des Hakens dehnen wir den Gummi auf volle Länge – das Vorfach verschwindet im Schlauch. Nun schieben wir das Schlauchende auf das Hakenöhr. Ist der Köder sehr schwer, können wir mit einem kurzen Stück PVA-Schnur den Schlauch am Haken festknoten. Sobald sich das PVA auflöst, ist der Haken frei! Nimmt nun ein Fisch den Köder auf, zieht er das Vorfach heraus und spürt nicht den geringsten Widerstand.

Concertina-Rig

Die sehr intelligente Lösung englischer Spezialisten für das Problem, auch ein Confidence Rig mit langem Vorfach ohne Schnursalat auszuwerfen. Vorfach und Schlauch sind weich und biegsam und bieten dem Fisch nicht den geringsten Widerstand! Der weiche Silikonschlauch hat ein Drittel der Vorfachlänge. Mit der linken Hand wird er am Wirbel gehalten, mit der rechten wird er gedehnt, bis er an das Hakenöhr reicht. Mit der linken Hand loslassen – der Schlauch verkürzt sich wieder und das weiche, geflochtene Vorfach ist im Schlauch verschwunden. Nun das Schlauchende über das Hakenöhr schieben und auswerfen. Ist der Köder zu schwer, mit einem kurzen Stück PVA einen festen Knoten um Schlauch und Haken binden. Im Wasser löst sich das PVA auf und gibt den Haken wieder frei.

Steife Tuben mit Leger Bead und mit Anti-Tangle-Blei, Seitenbleie, Ventilgummi, Spender mit Haarschnur, Kugelbleie, Wirbel, große Haken

Die Bolt Rigs, also Fluchtmontagen, werden von den Karpfenanglern seit vielen Jahren mit großem Erfolg eingesetzt.

Die Bolt Rigs mit steifer Anti-Tangle-Tube sind zwar seit der Entwicklung der weichen Tuben ein bisschen aus der Mode, werden aber in bestimmten Situationen auch heute noch mit Gewinn eingesetzt:

Bei starkem (Gegen-) Wind kann sich auch ein Anti-Tangle-Rig mit weicher Tube verhängen und dann ist ein steifes Röhrchen sicherer.

Damit sich das Röhrchen flach auf den Boden legt, können wir ein 5-g-Kugelblei dahintersetzen, das von einem Stopperknoten gehalten wird, der auch als Hinterstopper wirkt.

Ohne Kugelblei und Hinterstopper können wir die Tube mit einem Ventilgummi am Wirbel fixieren, damit das Rig als Fluchtmontage wirkt.

Das Blei können wir seitlich anhängen. Oder wir setzen für besonders weite Würfe die Anti-Tangle-Bleie ein, bei denen das Blei auf der Tube sitzt.

45 Fluchtmontagen mit steifer Tube

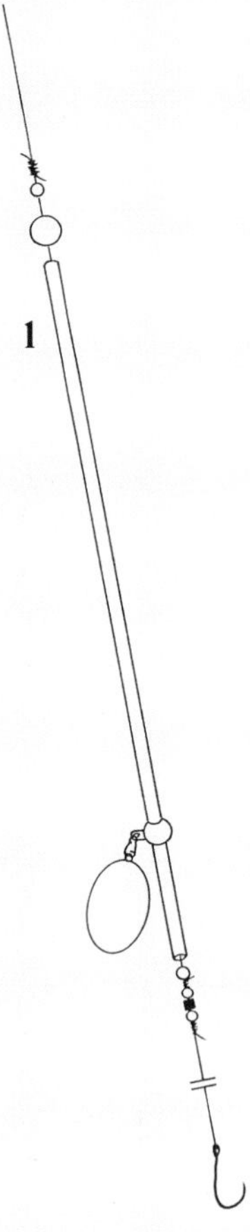

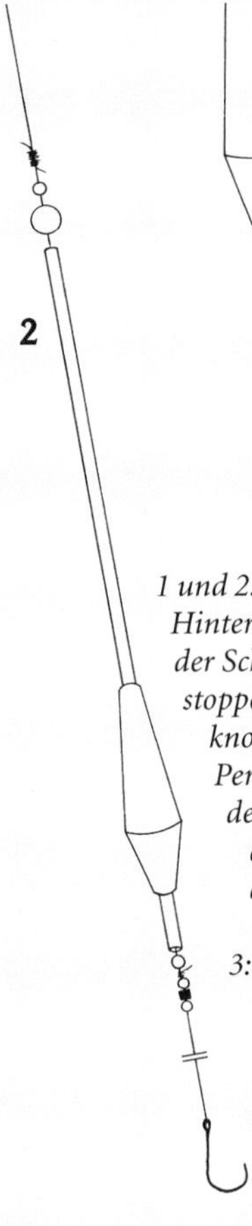

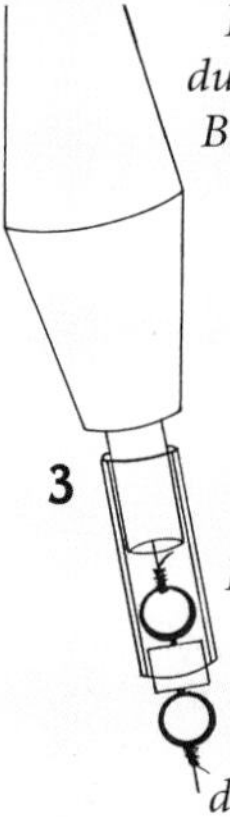

Eine Montage wird durch das festgesetzte Blei zur Fluchtmontage: Während der Fisch bei der Laufbleimontage die Schnur durch das Blei ziehen kann, läuft er bei einem Bolt Rig gegen das Bleigewicht. Durch den Kontakt der Lippe mit der Hakenspitze wird die Flucht ausgelöst.

1 und 2: Steife Anti-Tangle-Tube mit Hinterstopper, der das Durchlaufen der Schnur verhindert. Der Hinterstopper besteht aus einem Stopperknoten auf der Schnur und einer Perle, damit die Tube nicht über den Knoten rutscht. Damit sich die Tube flach legt, kann statt der Perle auch ein 5-g-Kugelblei aufgefädelt werden.

3: Statt Hinterstopper kann die Tube auch mit Ventilgummi am Wirbel fixiert werden. Wichtig ist bei allen Fluchtmontagen, dass sich der Fisch nach einem Schnurbruch von dem Blei befreien kann!

Weiche Rig Tube, geflochtene Vorfächer, Wirbel, Haken u. Safety Beads

Diese Fluchtmontage ist zu einem der Basis-Rigs des modernen Karpfenangelns geworden, das sich in vielen Standardsituationen bewährt.

Praktisch: Das seitlich eingehängte Blei wird schnell nach Bedarf gegen andere Formen und Gewichte getauscht. Dafür erlaubt die ungünstigere Aerodynamik keine Würfe auf maximale Distanz!

Für die größte Reichweite eignen sich besser die Inline-Bleie der nächsten Seite. Und ein großer Vorteil dieser Montage ist ihr Aufschlagen auf dem Grund: Das Blei landet, ohne dabei das Vorfach zu berühren – günstig für das Fischen auf harten Böden mit Kies oder Muscheln! Dabei passt sich die weiche Tube unauffällig dem Bodenprofil an.

Als Vorfach stehen uns für alle speziellen Aufgaben die geflochtenen Spezialschnüre der bekannten Anbieter aus dem großen Programm der Karpfenabteilung zur Verfügung: z.B. Silkworm, Merlin, Lead Core, Krystonite u.v.a. mehr.

47 Fluchtmontagen mit weicher Tube

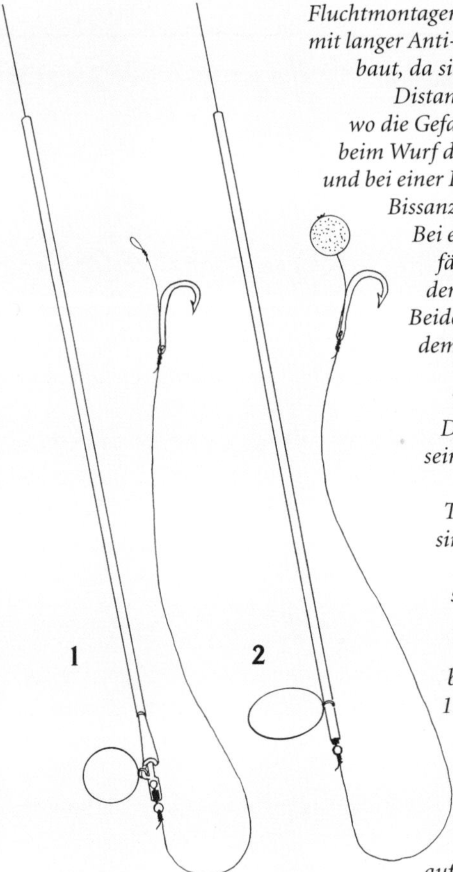

Fluchtmontagen werden fast immer mit langer Anti-Tangle-Tube aufgebaut, da sie häufig auf größere Distanz eingesetzt werden, wo die Gefahr besteht, dass sich beim Wurf das Vorfach verhängt und bei einer Laufbleimontage die Bissanzeige schwierig wird. Bei einer Fluchtmontage fällt auch auf Distanz der Biss deutlicher aus! Beide Montagen sind auf dem Wirbel festgesetzt – der Wirbel ist in die Tube hineingezogen! Die Tube muss länger sein als Vorfach, Haken und Haar! Tuben gibt es auch in sinkender Ausführung (siehe Foto), damit sie sich flach auf den Boden legen und dadurch ein Hinterblei überflüssig wird.
1: Fluchtmontage mit weicher Tube und Safety Bead als Einhänger für das Blei.
2: Das Öhr ist ohne Einhänger direkt auf die Tube geschoben.

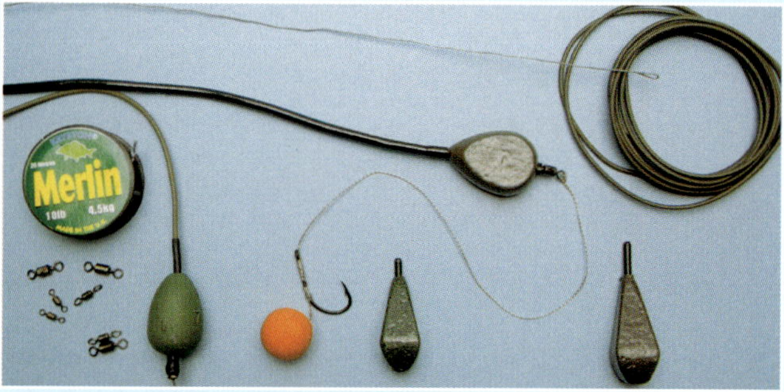

Inline-Bleie, Rig Tube, Wirbel, geflochtenes Vorfach, Blumendraht

Die Inline-Bleie bilden die Basis für die modernste Entwicklung effektiver Bolt Rigs für das Karpfenangeln. Wobei sich diese modernen Fluchtmontagen mit leichterer Bebleiung auch für andere Fische einsetzen lassen: z.B. große Schleien, Döbel, Barbe und Aland.

Die Formen der Bleie eignen sich für die verschiedenen Anwendungen: Flache Bleie liegen sicher auf abschüssigem Grund, ohne zu rollen. Kompakte Bleie konfrontieren den Fisch sofort mit ihrem vollen Gewicht. Stromlinienförmige Bleie fliegen besonders weit.

Einziger Nachteil aller Inliner: Sie landen nach dem Einschlag Spitze voran auf dem Knoten zwischen Wirbel und Vorfach und können dadurch das Vorfach auf harten Kiesböden beschädigen. Hier wären die Rigs der Seiten 46 und 50 günstiger!

Ihr Vorteil: Sie sind schnell mit wenig Zubehör aufzubauen!

Und sie bieten eine unauffällige Präsentation des Köders, zumal wir die Farbe der Bodenfärbung angleichen können.

Fluchtmontage mit Inline-Bleien

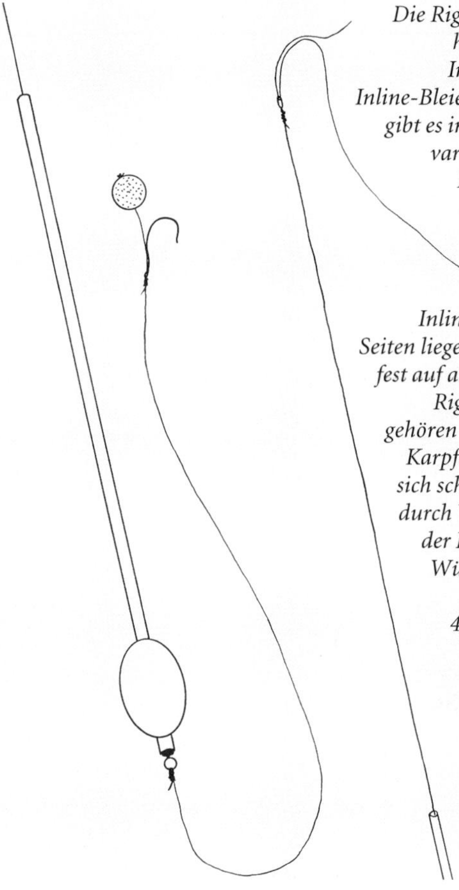

Die Rig Tube wird auf den hinteren Zapfen der Inline-Bleie gesteckt. Inline-Bleie und weiche Tuben gibt es in zahlreichen Farbvarianten, um sie dem Farbton des Bodens anzugleichen! Inline-Bleie mit runder Form sind Standard. Inline-Bleie mit flachen Seiten liegen halbwegs rutschfest auf abschüssigen Böden. Rigs mit Inline-Bleien gehören zu den beliebtesten Karpfenmontagen, da sie sich schnell aufbauen und durch Wahl der Tube und der Bleiform besser den Wünschen des Anglers anpassen lassen. 40 cm Blumendraht erleichtern sehr das Einfädeln der Angelschnur in die weiche Tube! Schlaufe in das Drahtende biegen, Schnur einhängen und durch die Tube fädeln!

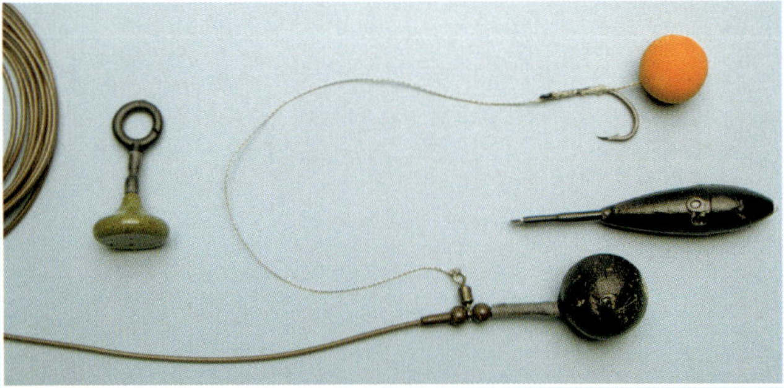

Helicopter-Montage mit weicher Tube, Zip- und Kugelblei, Hinterblei

Das Helicopter-Rig, eine moderne Spezialform des Bolt Rig, ist die technische Antwort auf die Frage „Wie werfe ich eine Montage möglichst über den Horizont?“.

Auch hier wählen wir das Blei passend zur Aufgabe: Die kompakte Tropfenform bohrt sich unverrückbar in den Sand.

Das stromlinienförmige Zip-Blei dringt problemlos in die Erdumlaufbahn ein (Scherz).

Auch der Helicopter ist ein Bolt Rig, das nach dem Prinzip aller Fluchtmontagen funktioniert: Das Blei wird entweder mit einem Hinterstopper oder am Wirbel fixiert. Bei der Köderaufnahme läuft der Fisch dann gegen das Bleigewicht.

Durch den Kontakt mit der Hakenspitze flüchtet er – hoffentlich – erschreckt und löst dadurch ein deutliches Signal an unseren Bissanzeigern aus.

Die Schnur fädeln wir wie bei den anderen Rigs auch mit einem Draht durch die Tube.

Es gibt verschiedene Helicopter-Systeme, die aber alle den gleichen Zweck erfüllen!

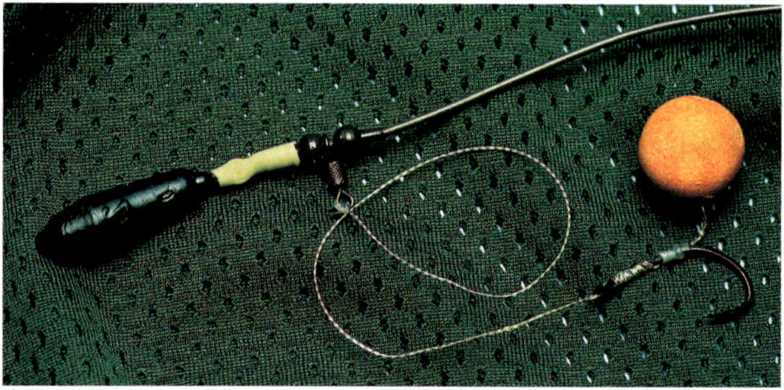

Foto oben: Das Vorfach dreht leichtgängig auf der Achse. Die Grafik zeigt den Vorteil bei der Landung auf dem Gewässergrund: Das Vorfach wird geschont, da es seitlich neben dem Blei landet. Das Hinterblei wird nach dem Einwurf vor der Rutenspitze in die Schnur gehängt: Es zieht die Schnur flach auf den Grund, damit es nicht mit anderen Schnüren zu Verwicklungen kommt.

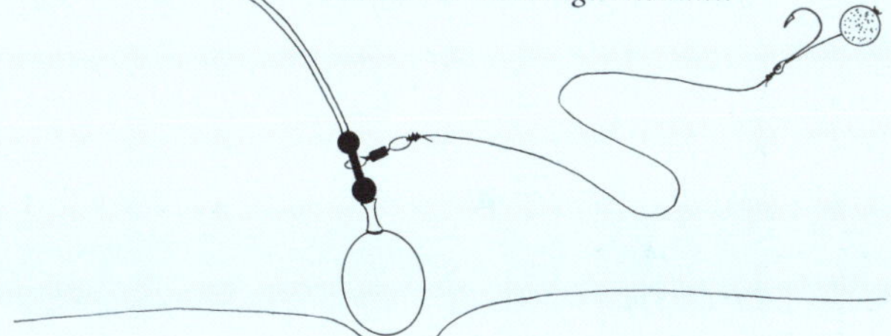

Ein aerodynamisch günstiges Rig für weiteste Würfe: Das Vorfach sitzt frei drehbar auf einem speziellen Bauteil, das die Hauptschnur vor Beschädigung schützt. Während des Wurfs propellert das Vorfach mit dem Köder frei und ohne Verwicklungen um die Hauptschnur und das schwere Blei fliegt dem Vorfach voraus.

Inline-Blei, Safety-Bead, sinkende Rig Tube, Schrot, Knetblei, Pop-Ups

Weiche Böden, in denen der Köder versinkt und Böden mit einer dichten Decke aus Kraut verlangen nach einer Taktik, die diese Probleme meistert.

Der schwebende Boilie ist eine clevere Idee, die offenbar auch von den Karpfen gewürdigt wird: Seit vielen Jahren bescheren Pop-Up-Köder den Karpfenanglern schöne Erfolge.

Die Idee dahinter ist, das ohnehin als Fluchtmontage fixierte Blei absacken zu lassen, während der Köder im fängigen Bereich darüber schwebt.

Wie hoch er schwebt, regulieren wir über ein Stück Knetblei (Tungsten Putty oder Heavy Metal), das wir auf das Vorfach drücken. Damit es besser hält, setzen wir zuerst ein kleines Schrot auf die Schnur und kneten dann das Putty um das Schrot. Durch Verschieben des Gewichtes bestimmen wir, ob der Köder nur wenige Zentimeter schwebt oder in voller Vorfachlänge. Im flachen Uferwasser testen wir das Gewicht: Wir kneten gerade so viel Putty auf, dass der Köder eben sinkt.

Die Pop-Up-Montage im Wasser

Fertige Pop-Up-Boilies werden im Handel in vielen Duftnoten und Größen angeboten!
Sie lassen sich aber auch selbst herstellen:
Wir nehmen einige Easy Float-Auftriebskörper aus der Forellenabteilung unseres Händlers oder einige Korkkugeln und kneten Boilieteig um die Kugeln. Dann kochen wir sie für zwei Minuten und lassen sie trocknen. Beim Angeln durchbohren wir sie mit der Boilienadel und ziehen sie auf das Haar wie einen Normalboilie. Zum Anfüttern werden die normalen Sinker eingesetzt!
Um das Bleischrot auf dem Vorfach wird so viel Knetblei geknetet, dass der Pop-Up gerade eben sinkt. Schrot und Bleiknete werden verschoben, um einzustellen, wie hoch der Boilie schwebt.
Die Montage ist ein Standard-Bolt-Rig mit Inline Blei oder mit Safety-Bead-Einhänger!

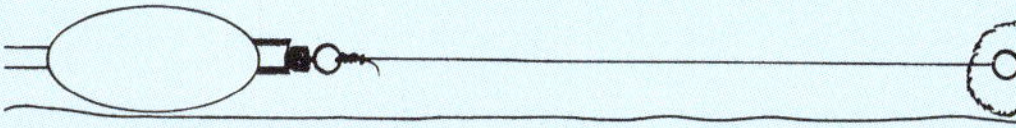

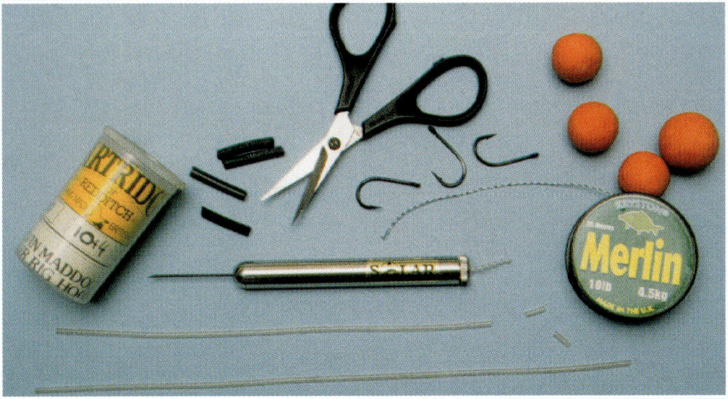

Das Zubehör für den Line-Aligner: Haken, Vorfach + Haar, Boilie-Nadel, Boilie-Stops, Schrumpfschlauch, feiner Silikonschlauch, Boilies

Aufgabe des Line-Aligner ist es, den Anschlag beim Biss eines Karpfens zu verbessern. Dabei ist er die harmlose Variante des Bent Hook-Rig. Während der Bent Hook erhebliche Verletzungen am Karpfenmaul verursacht, garantiert der Line-Aligner einen sicheren Griff des Hakens, ohne den Fisch zu verletzen! Scheue Karpfen beißen vorsichtig und häufig sitzt der Haken dann schlecht. Der Line-Aligner dreht den Haken bei der Köderaufnahme so, dass er sich in die Unterlippe dreht und der Fisch sicher gehakt werden kann. Sinnvoll ist diese Anordnung nur an stark beangelten Gewässern, wo die Karpfen schon häufiger Bekanntschaft mit dem Haken gemacht haben.

Wir stellen ihn zu Hause mit Schrumpfschlauch her: Knoten binden, Schlauch aufschieben und über Wasserdampf leicht schrumpfen lassen.

Karpfen sicherer anschlagen

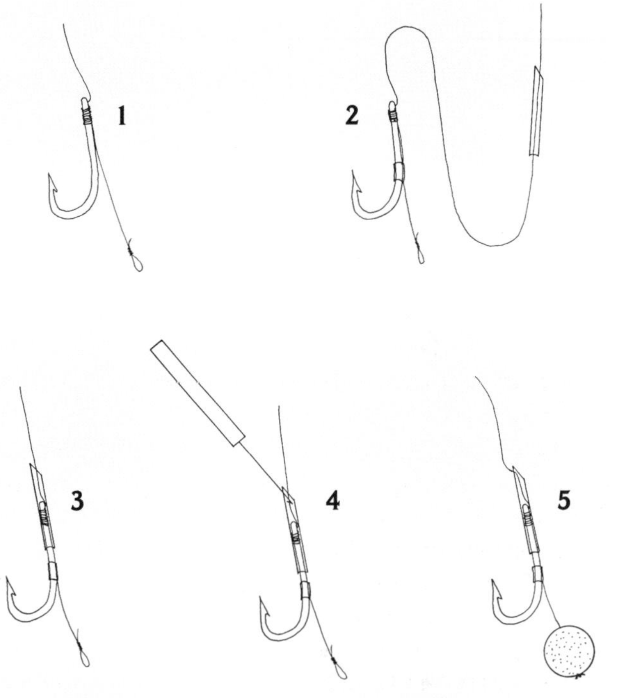

1: Haar und Vorfach an den Karpfenhaken binden. 2: Haar mit feinem Silikonschlauch am Hakenschenkel fixieren. 3: 2 cm Schrumpfschlauch an einem Ende schräg anschneiden und Vorfach durchziehen. 4: Schrumpfschlauch auf den Hakenschenkel schieben. 5: Mit der Boilienadel ein Loch unterhalb der schräg angeschnittenen Spitze bohren und das Vorfach mit dem Widerhaken vorsichtig durchziehen. Dann über Wasserdampf schrumpfen lassen und Boilie aufziehen.

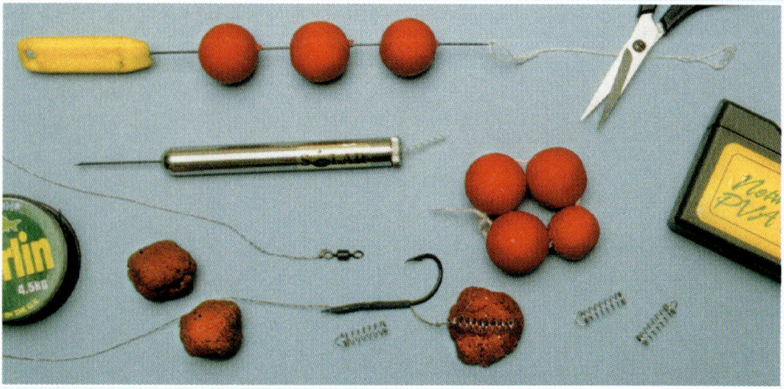

Stringer-Nadel, PVA-Schnur, Boilie-Nadel, Vorfach/Haar, Teigspiralen

Der *Stringer* bietet eine sehr präzise Art des Fütterns in Hakennähe: Mehrere Boilies oder Teigkugeln werden auf PVA-Schnur, bzw. Geflecht gezogen oder in einen PVA-Beutel gefüllt und mit der Montage ausgeworfen. Die Köder liegen nach dem Auflösen des wasserlöslichen PVA in unmittelbarer Nähe des Hakens. PVA-Schnur an beiden Enden zusammenbinden und auf den Haken knoten. PVA-Geflecht einfach mit beiden Enden auf den Haken spießen.

Das *Teighaar-System* bietet die Möglichkeit, eine weiche Teigkugel am Haar anzubieten. Teig verführt die Fische spontan und ohne tagelanges Anfüttern zum Biss, denn Teig erzeugt eine deutlichere Duftspur als die gekochten Boilies. In die Haarschlaufe wird eine kleine Spirale gehängt, auf die wir den Teig kneten. So übersteht er weite Würfe und hält sehr lange am System.
Tipp: Fertige Teighaar-Montagen werden von der Firma Sänger angeboten!

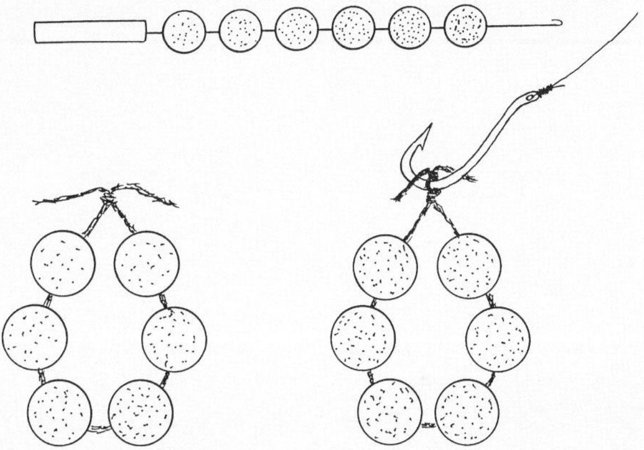

Herstellung eines Stringers: Mit der langen Stringer-Nadel 4 bis 5 Boilies auf PVA-Schnur ziehen. PVA-Schnurenden mit einem Doppelknoten verbinden und auf den Haken hängen. Für weite Würfe noch einmal die PVA-Schnur mit einem Doppelknoten auf dem Haken sichern. Nach dem Einwurf löst sich die PVA-Schnur auf und die Köderboilies liegen als Lockfutter frei in unmittelbarer Nähe des Hakens. PVA-Beutel werden mit PVA-Schnur zugebunden und dann auf den Haken geknotet.

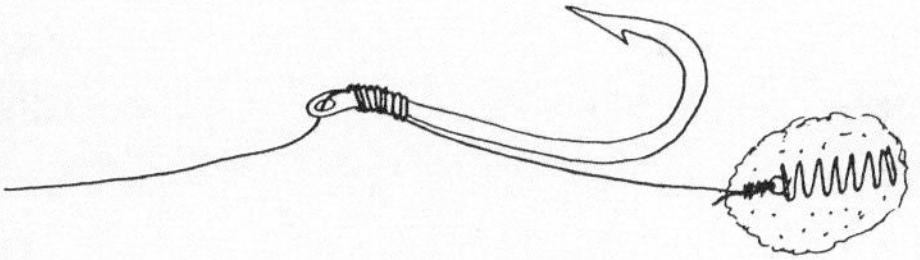

Herstellung einer Teig-Haarmontage: Vorfach mit Haar und einer Schlaufe am Ende des Haars binden wie beim üblichen Einsatz mit Boilies oder großen Partikelködern auch. Teigspirale in die kleine Schlaufe am Haarende hängen. Teigkugel aufkneten und auswerfen.

Raubfisch-Montage I

Raubfischvorfächer Stahl und geflochten, Leger Bead mit Seitenblei, Haken, Schnurlaufperlen, Karabinerwirbel, Nadel u. Garn, Fischfetzen

Räuber wie Zander, Aal und Barsch, aber auch Gelegenheitsräuber wie der Döbel lassen sich gerne von lebendig spielenden Fischfetzen verführen, die wir ihnen in Grundnähe servieren.

Gerade dem feinfühligen Zander sollten wir den Köder nicht verdächtig machen: eine Laufbleimontage, die den freien Durchlauf garantiert, bestückt mit einem Blei, nicht schwerer als wirklich nötig. Der Köder ist ein frischer Fetzen mit langem, fein geschabtem Ende. Als Vorfach ein feines Multistrand aus Edelstahl oder eine abriebfeste Krystonite-Schnur. Ein Drilling ist bei dieser Montage nicht nötig – ein großer, scharfer Einzelhaken reicht.

Um dem Köder Auftrieb zu geben, können wir zwei bis drei kleine, leuchtfarbige Easy Float-Kugeln mit extremem Auftrieb(Cormoran) vor dem Haken auf das Vorfach ziehen. Der lange, schlanke Fetzenköder wird dann mit der Ködernadel vor den Kugeln auf das Vorfach gezogen und vor dem flatternden, hinteren Ende auf den Haken gesteckt.

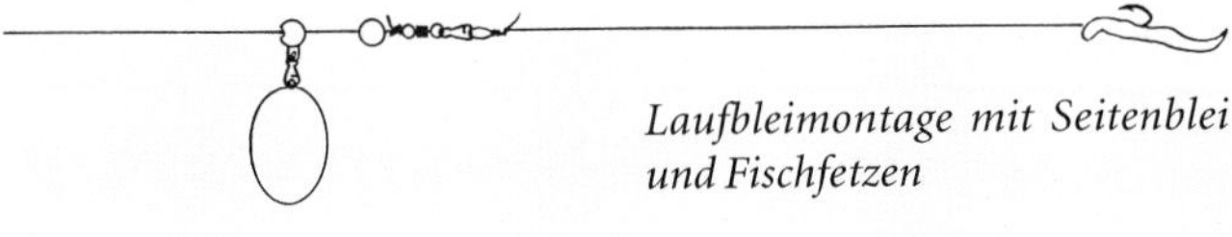

Laufbleimontage mit Seitenblei und Fischfetzen

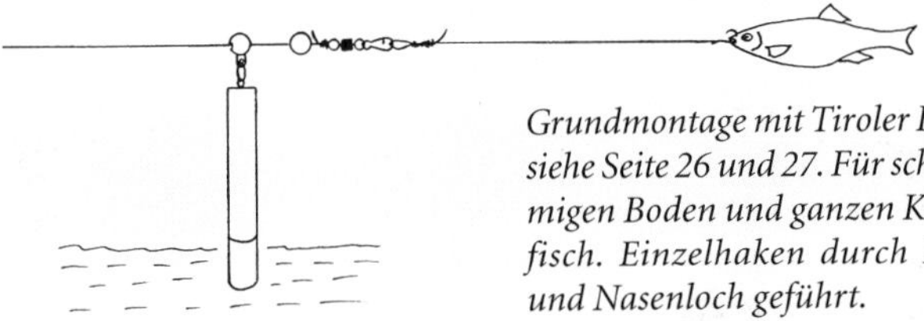

Grundmontage mit Tiroler Hölzl, siehe Seite 26 und 27. Für schlammigen Boden und ganzen Köderfisch. Einzelhaken durch Maul und Nasenloch geführt.

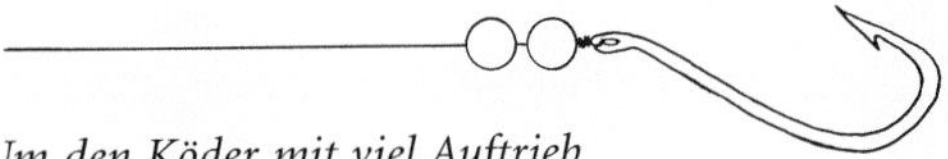

Um den Köder mit viel Auftrieb schweben zu lassen, werden zwei Easy Float-Auftriebskugeln vor den Haken gesetzt.

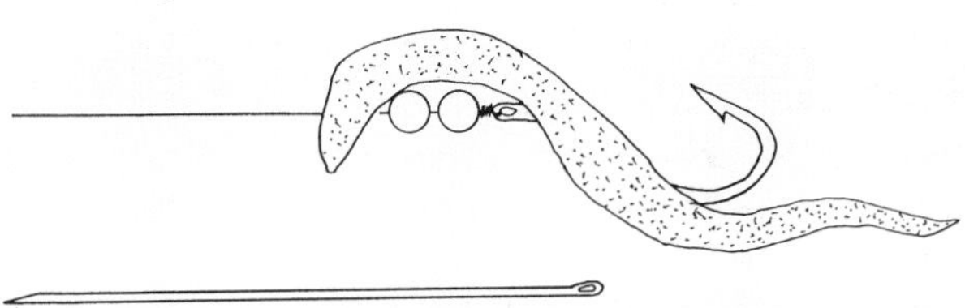

Dieser lang geschnittene Fischfetzen hat durch zwei Easy Floats sehr viel Auftrieb und schwebt über dem Grund. Mit der Ködernadel ist ein Ende über die Easy Floats geführt und auf das Vorfach gezogen, das andere Ende flattert lang im Wasser, um die Fische zu reizen.

Der tote Köderfisch am Paternoster ist eine tödliche Methode auf Hechte und große Zander, wenn wir sie da einsetzen, wo die Großräuber besonders gerne lauern: am Fuß der berühmten „Barschberge". Hier tummeln sich die Beutefische im Sommer in Scharen und die Räuber fahren wie der Blitz dazwischen, um sich ihren Anteil zu holen. Der tote Köder ist für sie dann leichte Beute.

Wichtig ist, die Montage so einfach wie möglich zu halten: Zentrum der Montage ist ein kräftiger Dreiwegewirbel, an den wir einen Seitenarm aus starkem, steifem Monofil binden, um Verwicklungen zu vermeiden. Da diese Montage auch auf Hecht sehr fängig ist, sollten wir auf jeden Fall ein Stahlvorfach einsetzen, wenn wir mit Hechten zu rechnen haben. Das Vorfach sollte wesentlich länger sein als der Seitenarm (1/3 zu 2/3). Über Kraut, wo wir den Köder hochhalten müssen, kann das Verhältnis auch vertauscht werden. Der Köder wird mit zwei Drillingen befestigt, Schwanz oder Kopf voraus.

Foto: Das nötige Zubehör: Stahlvorfach und geflochtenes Vorfach, Dreiwegewirbel und Raubfischhaken wie Zwillinge und Drillinge.
Grafik: Dieses Rig kann mit Pose oder, wie hier, als Grundmontage gefischt werden. Als Alternative kann auch 1 m über dem Abzweig eine Unterwasserpose, ein so genanntes Subfloat, angebracht werden, um die Schnur zu strecken und vom Grund abzuhalten!

Der Kern der Montage ist der Dreiwegewirbel, an den der Abzweig für das Seitenblei angebunden und das Vorfach eingehängt ist. Als Vorfach wird ein mehrfädiges Stahlvorfach oder abriebfeste, geflochtene Schnur wie Krystonite (Quick Silver) eingesetzt. Um den Köderfisch sicher zu befestigen, sind zwei Zwillingshaken oder Drillinge das Richtige.

Auch hier können bei Bedarf einige Easy Floats für Auftrieb des Köders sorgen! Oder die Bauchdecke des Köderfisches aufschneiden und die Innereien entfernen.

Dann Styroporstücke einlegen und mit Nadel und Garn vernähen.

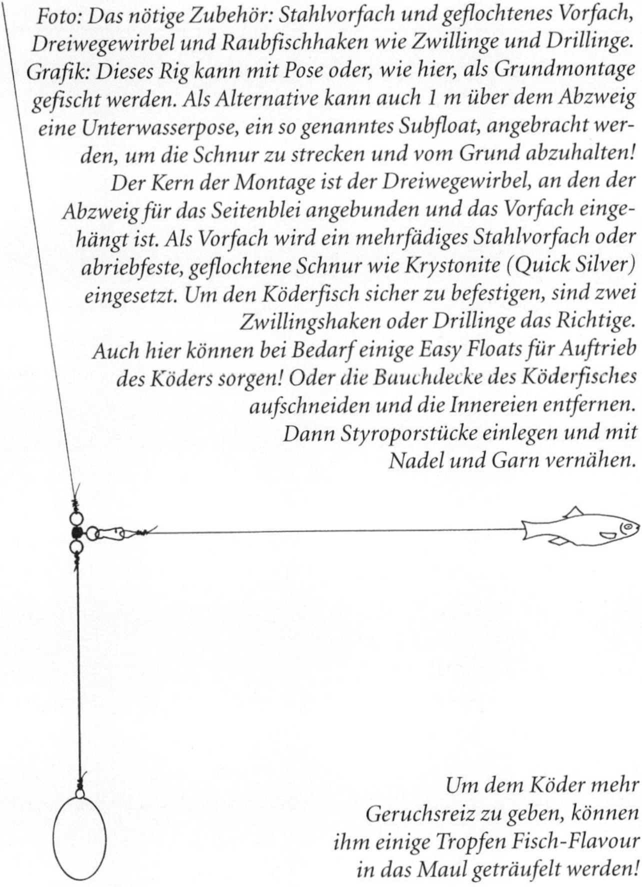

Um dem Köder mehr Geruchsreiz zu geben, können ihm einige Tropfen Fisch-Flavour in das Maul geträufelt werden!

Völlig allein an einem malerischen See - was könnte schöner sein?!?

Wir fischen die hier beschriebenen Montagen mit den unterschiedlichsten Ruten auf fast alle Fische, die wir in unseren Gewässern finden:
Friedfische werden mit Feeder-Ruten, Schwingspitz-Ruten (siehe Band 8 der Serie Praxistipps) oder wie der starke Karpfen mit schweren Grundruten beangelt (siehe Band 11). Das Fischen mit dem leichten Winklepicker und der Feeder-Rute mit den vielen Futterkörbchen ist bei uns besonders be-liebt: In unseren großen Gewässern mit ihren teils sehr großen Fischen sind diese Methoden dank ihrer Wurfweite und Präzision besonders erfolgreich!
Auch Raubfische können mit den hier vorgestellten Montagen beangelt werden (siehe Band 9 der Serie Praxistipps). Beim Brandungsfischen ist die Grundmontage sogar besonders schwierigen Anforderungen ausgesetzt: desto höher der lockende Preis in Form zahlreicher Fischarten des Meeres (siehe Band 10)!

Band 1: Heimische Süßwasserfische

Alle wichtigen Angelfische unserer Binnengewässer, wo wir sie finden und wertvolle Tipps, wie und womit wir sie fangen.

Band 2: Heimische Salzwasserfische

Alle wichtigen Angelfische der Nordsee und der Ostsee, wo wir sie finden und wertvolle Tipps, wie und womit wir sie fangen.

Band 3: Köder und Futter

Alle wichtigen Naturköder und Kunstköder für Süßwasserfische und Meeresfische.

Band 4: Knoten, Schnur und Vorfach

Alles über Angelschnüre, die speziellen Vorfachschnüre und alle wichtigen Angelknoten mit Bindeanleitung.

Band 5: Posen und Schrot

Alles über Posenmontagen: Die einzelnen Posenmodelle, wie wir sie bebleien und wo wir sie einsetzen.

Band 6: Bodenblei und Feeder

Alles über Montagen für die Grundrute und das wichtigste Zubehör.

Band 7: Räuchern, Kochen und Braten

Alles über die schnelle Fischküche für den Angler: Mit einfachen Mitteln räuchern, beizen, kochen, braten und grillen.

Band 8: Erfolgreich auf Friedfisch

Alles über erfolgreiches Angeln auf Friedfische: Taktiken, Montagen, Köder und Geräte.

Band 9: Erfolgreich auf Raubfisch

Alles über erfolgreiches Angeln auf Raubfische mit Kunstködern und Naturködern.

Band 10: Erfolgreich auf Meeresfische

Alles über erfolgreiches Angeln auf Meeresfische vom Ufer und vom Boot.

Band 11: Erfolgreich auf Karpfen

Alles über erfolgreiches Angeln auf Karpfen: Taktiken, Montagen, Köder und Geräte.

Band 12: Erfolgreich auf Forelle

Alles über erfolgreiches Fischen an Forellenteichen und mit der Fliegenrute an natürlichen Gewässern.